脳科学が解く!

「がんばってるのに報われない」

と思ったら読む本

努力不要論

脳科学者・医学博士
中野信子

フォレスト出版

はじめに◉見返りを求めずに努力できるか?

息苦しい世の中です。

若い世代ほど、景気が良くなったと言われても、どうにも実感がわきにくいでしょう。

お金がないと話にならない、結婚もできない、子供もつくれない、働いても働いても税金や保険料や年金で持っていかれる……。

それは自分の「努力」が足りないせいだと思っていませんか?

生れつき能力がないのは仕方ないけど、努力すればなんとかできるかもしれない、息苦しいのは、努力が足りないせいだ……。


じつはこれ、ブラック企業なんかでよくやられる洗脳マジックです。

とくに若い人は、こういう誘導に引っかかりやすいですね。

私は、脳のことを少しばかり研究したり勉強したりしてくる中で、努力というものの本質が持つ、心理的な罠《わな》について気づくことができました。また、人が持っている能力は、生まれつき持っている才能でどれくらい決まるのか、努力でどれほど変えることができるのかについて、一定の知識を得てきました。

こうした知識を持って、世の中を見てみると、じつに無意味な努力を重ねさせられ、そのうえに搾取《さくしゅ》されてしまっている人が多いことがわかるのです。本当は、声を上げるべきなのに、すべて自分のせいにしてしまう。

それを美しいという人もいるでしょう。声を上げないのは日本人の美徳だという人もいます。でも、本人は苦しい。

それに、このままでは国が滅んでしまうことにもなりかねません。このことについては、本文でもっと詳しく説明していきます。

見栄を張るためとか、周りの人に自分の存在意義を認めてもらうだとか、自分で自分に言い訳するための努力はもうやめにしませんか。

こんなことを続けていれば、いつまで経ってもあなたの人生は、あなたから搾取したい誰か他人の思惑に左右されてしまいます。

先日、「ホンマでっか⁉ＴＶ」（フジテレビ）でお世話になっている明石家さんまさんが、「努力は報われると思う人はダメですね」とおっしゃったということが話題になりました。

私は、さんまさんの意見に全面的に賛成です。

もちろん、さんまさんが努力されていない、ということではありません。収録のときにはいつも感じることですが、さんまさんは本当にプロ意識の高い方なのです。

たとえば、専門家たちがこれまでにコメントした学術的な内容はほとんど記憶されていますし、他局の番組での内容を、「ホンマでっか⁉ＴＶ」の内容と混同されることも一切ありません。

そして、さんまさんが次々と繰り出す言葉が笑いの渦《うず》を起こすときは、まるでレベルの高いサッカー選手が、小気味よくシュートを決める瞬間を見るかのようです。

さんまさんが持っているこうした力を、努力の賜物と呼ぶか、才能と呼ぶべきなのか?

少なくとも、さんまさんご自身はこのお仕事をとても楽しんでいらして、そのための努力を苦痛とは感じないのでしょう。

見返りを期待して、楽しくもないのに苦痛を伴う努力を重ね、恨みをため込むくらいなら、やめたほうがいい——。

そんなさんまさんのアドバイスは、努力というものの本質をついています。

話題となった、努力についての記事を、一部引用してみましょう。


さんまさんの発言があったのは、2014年6月7日放送の「MBSヤングタウン土曜日」(MBSラジオ)でのことだ。

有名人の「名言」や「珍言」をリスナーがメールで紹介する「名言珍言ゆとったter」というコーナーで、この日ゲストだったアイドルグループ「アップアップガールズ(仮)」の佐藤綾乃さんがインタビューで言っていたという、こんな話が紹介された。

「努力は必ず報われる。その言葉、最初は信じなかったんですよ。そんなこと言っても、本当に努力を見てくれてるのかよって。でも、自分の経験上、努力をしていれば必ず誰かが見てくれていて、報われることがわかりました」

これに対しさんまさんは、「それは早くやめた方がええね、この考え方は」とバッサリ。佐藤さんやレギュラーメンバーのモーニング娘。道重さゆみさんが驚いていると、「努力は報われると思う人はダメですね。努力を努力だと思ってる人は大体間違い」と持論を展開した。

「好きだからやってるだけよ、で終わっといた方がええね。これが報われるんだと思うと良くない。こんだけ努力してるのに何でってなると腹が立つやろ。人は見返り求めるとろくなことないからね。見返りなしでできる人が一番素敵な人やね」

――「J－CASTニュース」2014年6月9日

本書は、不本意な努力を無意味に重ねてしまっているみなさんに、本来の自分を取り戻してもらうことを目的に書きました。楽しく読んでいただけましたら幸いです。

中野 信子

努力不要論 **もくじ**

プロローグ

「努力すれば報われる」は本当か?

第1章

努力は人間をダメにする

第2章

そもそも日本人にとって努力とは何か？

第3章

努力が報われないのは社会のせい？

第4章

才能の不都合な真実

あなたが報われないのは誰かのせい？——132
なぜ東大生はやっかみの対象になるのか？——134
進化心理学で考える天才不遇論——136
傑出した才能は生存には不利——138
世界一「報われない…」を感じる日本人——142
勤勉・誠実な人ほどドス黒い感情が…——144
努力家は他人の才能を潰す——146
才能を潰されないために——150
少子化の原因は嫉妬——152

第5章

あなたの才能の見つけ方

第6章 意志力は夢を叶える原動力

エピローグ

努力をしない努力をしよう！

おわりに

装幀⊙小口翔平(tobufune)
イラスト・図版作成⊙良知高行(GOKU)
DTP⊙闇月社
編集・本文デザイン⊙石黒洋記

プロローグ

「努力すれば報われる」は本当か？

高橋みなみ「努力は報われると、私は人生をもって証明します」

「努力は報われる」という言葉をどう思いますか？

そのとおりだ、とおっしゃる方もいるでしょう。ただ、そう肯定するとき「努力は報われてほしい」という願望が、その言葉の中には含まれているのではないでしょうか。

「努力は報われる」が、１００％事実なら、これほど多くの人が「努力は報われるんだ！」と声高に主張しつづける必要はないからです。

もちろん、「努力は報われるなんて、そんなのウソだ」とおっしゃる方もいるでしょう。

ある程度社会の仕組みを知り、ましてや自分の将来がなんとなく見えてくる年齢の人にとっては、迷いのない真っ直ぐな言葉は気恥ずかしく、こうした発言は否定的な感情を呼び起こしてしまうものかもしれません。

「努力は報われる」というと、アイドルグループＡＫＢ48の〝メンバー兼総監督〟を務める高橋《たかはし》みなみさんが２０１１年から２０１４年の選抜総選挙の開票イベントで、毎年この言葉を発言され、話題になったことを覚えていらっしゃる方も多いでしょう。

もちろん、ゆっくりと感情を噛みしめ、涙ながらに訴える高橋さんを見ていると、本当にそうだなと声援を送りたくなり、前向きな気持ちになるのも事実で、彼女の発言がしばしば、「名言」と評されるのもうなずけます。

聞いていると励まされるような力が、彼女の言葉にはありますね。だからこそ、高橋さんはずっとＡＫＢ48で中心的な位置にいられるのでしょう。

しかし、**この発言を冷静に吟味してみますと、半分は本当でしょうが、半分は美しい虚構と考えたほうがいいでしょう。**

そもそも高橋さんほどの「努力家」が、ファンに与える自分の言葉の効果を意識していないとはとても思えないからです。

本書ではまず、「努力は報われる」の真偽を問うことからはじめてみましょう。

「努力は報われる」は半分本当である

まずは「半分本当である」理由を、人体の機能という側面から考えてみましょう。

人というのは通常、持っている力のすべてを出し切って生きているわけではありません。「本当はここまでできるはず」という最大値の半分、がんばってもせいぜい8割くらいしか力を出していないのです。全力を出し切ってしまうと身体へのダメージが大きいからです。

少し遊びを残しておくのでないと、回復に時間がかかりすぎるのです。その間は外敵・外圧から身を守ることも逃げることもできず、自分を危険な状態に晒《さら》すことになります。これは、自分を守るための、自動的に働く生物に備えつけられたセキュリティ機能です。

脳という器官に焦点を当てて考えてみましょう。脳はそのサイズに比べて、酸素要求量も栄養の要求量も飛び抜けて大きい。ですので、なるべく無駄なことはせず、リソースを節約しながら使おうとします。つまり、脳としてはなるべく、考えないで済むことは考えない、覚えないで済むことは覚えないでおくようにしたいわけです。

そして、使わない機能については抱えているだけでも負担になりますから、どんどん機能をリストラする方向に、常に圧力がかかっているのです。

では、そのまま放っておくと、どうなると思いますか？

覚えないで済むこと、考えないで済むことを放置しておくと、本当に覚えられない、考えられない脳になります。

つまり、負荷がかからないと、どんどん機能が錆《さ》びついていってしまう。そういう性質が人体にはあります。筋肉も同様ですよね。あるレベルのパフォーマンスを実現したいと思ったときには相応の負荷をかけなければなりません。

その**負荷というのが努力**です。だから努力をしないと発揮できるパフォーマンスはどんどん落ちていきます。

逆に、適切な努力をした人は、やった分だけ、自分が持っている可能性の最大限まで力が出せる身体に近づいていきます。

それが「努力は報われる」という言葉で表現される、ウソでない部分です。

◉為末大の正論と、エジソンの名言の真意

では、「半分美しいウソ」というのは、どういうことなのか？

たとえば今、月に一度のエクササイズも行わない、そもそも走ることが嫌いな人がいたとします。その人は、努力すればウサイン・ボルトのように速く走れるでしょうか？

どう考えても無理ですよね。

科学者らしく誠実な言い方をするにしても、極めて低い可能性しかない、と言わざるを得ません。やはりボルトにはボルトにしかない才能があります。しなやかかつ強靭な筋肉、速く走るのに向いた美しい骨格を、普通の人は持っていません。

確かに努力すれば、その人の持つ可能性の最大値まではスピードアップできます。けれども、限界を突破してウサイン・ボルトのように優れた記録を残せるほど走れるか、というと、まず不可能です。

そのような意味では、**才能は遺伝的に決まっています。つまり、「努力は報われる」はウソ、ということになります。**

そもそも、この言葉に気恥ずかしさを感じるのは、誰でもそうした現実を目《ま》の当たりにし、意識的にせよ無意識的にせよ、そのことを知っているからかもしれませんね。

じつは、同様のことを日本人の元トップアスリートも語っています。

400メートルハードル日本記録保持者で、3大会連続でオリンピックに出場し、現在はコメンテーターや指導者として活躍している為末大《ためすえだい》さんは、2013年の10月に、ツイッターで次のような発言をして「炎上」しました。

「やればできると言うがそれは成功者の言い分であり、例えばアスリートとして成功するためにはアスリート向きの体で生まれたかどうかが99％重要なことだ」

「成功者が語る事は、結果を出した事に理由付けしているというのが半分ぐらいだと思う。アスリートもまずその体に生まれるかどうかが99％。そして選ばれた人たちが努力を語る。やればできると成功者は言うけれど、できる体に生まれる事が大前提」

よく知られているエジソンの名言に、「1％のひらめきと99％の努力」という言葉がありますね。これほど誤解されている言葉も珍しいと思いますが、エジソンの真意としては、**99％努力しても1％のひらめきがなければ無駄、ということを言いたかったのだといわれています。**

為末さんは、アスリートの身体に生まれることが99％とおっしゃっていますね。言い方を変えれば、「いくら努力しても、アスリートの才能がなければ無駄」ということです。趣旨としてはエジソンの言葉と同じです。

受験の合否は遺伝で決まる

では、スポーツや身体的な側面以外、学習における遺伝の影響力はどうでしょう？

残酷ですが、受験についてもほぼ受験向きの脳に生まれているかどうかで決まります。

エピソード記憶の良い人が、良い成績を収めるという研究結果があるのです。

今の日本の受験制度で行われている試験で出る問題は、ほとんどが記憶力で解ける問題です。一見考えさせる問題のようでも、パターンの学習を重ねることで解けるようになる。つまり、解法パターンをどれだけ記憶しているかで勝負がついてしまうのです。

そんなわけで、エピソード記憶が優れている人が合格しやすい構造になっています。エピソード記憶については、ある遺伝子を持っていると20％ほど記憶力が良くなるという報告があります。つまり、試験で点数がどれだけ取れるかは、遺伝で大きく差がついてしまっているのです。

みなさんは学生を経験しているでしょうからなんとなく実感はできると思いますが、できるタイプの人には2種類います。

授業を聞いているだけなのにテストでいい点数を取れてしまう人と、徹夜で勉強してようやく満点を取れるガリ勉タイプの人ですね。当然、エピソード記憶が優れているのは前者です。

一方、エピソード記憶がさほど良くないタイプの人は、かなり努力をする必要があります。本人はとてもがんばっているつもりでも、授業を聞いているだけで点数が取れてしまうタイプの人に勝つのはやっぱり至難の業です。

勉強以外にもやりたいことはたくさんあるでしょうが、それを捨てて勉強だけに時間を割くという、二重の努力が必要です。そして、それほどまでに努力を重ねても、それなりの成果しか生まれません。

◉受験のために必要な能力は伸び代がある

さて、このように書くと、本当に身も蓋《ふた》もない、救いがないじゃないかとがっかりされる方もいらっしゃるのではないでしょうか？

しかし、アスリートの能力と受験の能力には、可塑性《かそせい》に違いがあります。可塑性というのは、変化の起きやすさという意味で、受験の能力のほうがアスリートの能力より生まれつきの要素（遺伝影響率）が小さいのです。

たとえば38歳、身長159センチでスポーツ経験のまったくない私が、今から全日本のバレーボールの試合に出たいと思っても、ほぼ不可能でしょう。

身長という才能もない。バレーボールをやったこともない。筋肉もない。さらに言うならバレーボールをやりたいと思ってもいない。これがもう致命的です。

アスリートの能力、スポーツをすることに向いた身体に生まれる、というのは先ほども申し上げたとおり、ほとんど先天的に決まります。つまり生まれつきの資質か、せいぜい生後3歳ぐらいまでにほとんど決まってしまうような能力なのです。

　しかし、受験のために必要な能力のうち、**記憶力以外の部分、論理的な考え方をする力とか、学習しやすい環境を整える能力などというのは意外と後々まで伸びるのです。**

　人間が生まれてから成長していく過程を時系列で追っていくと、こういう力をつかさどる脳の領域は、20歳ぐらいまでは環境の変化などによって成長が見られることがあります。

　すぐに遺伝で全部決まってしまう、生後直後に決まってしまうと結論してしまうのは拙速にすぎます。

　だから、思春期には無理なダイエットをして脳の成長を妨げることは避けたほうがいいのです。脳の、とくに神経の配線の部分はほとんど脂肪でできています。無謀なダイエットをすると、脳も痩《や》せてしまいます。

ただ、記憶力以外の部分を試す入試というのもあります。

フランスのバカロレア（baccalauréat＝ＢＡＣ）が良い例でしょう。バカロレアは、フランスで大学入学資格を得るための全国統一国家試験のことです。これを取得することで原則、どの大学にも入学することができるのです。

バカロレア初日の哲学の試験は、どんな問題が出題されたかテレビのトップニュースにもなるくらい、毎年フランス国民の関心を集めるイベントになっています。

理系の学生にも哲学の試験が課されます。試験問題は、記憶力だけでは解けないような、ユニークな設問。

たとえば、２０１３年度の理系の哲学の問題は、

① 政治に関心を持たずに道徳的にふるまうことはできるか？
② 労働は自意識を持つことを容認するのか？
③ ベルクソン『思考と動き』（La pensée et le mouvant）の抜粋に対する解説

といった調子です。

この哲学の試験を導入したのはナポレオン、1808年のことです。哲学を深く学ぶことによって、人はより自由に思考することができる、そして自由な思考こそが人間をより自由な存在にする、との考えからです。

生まれつきの記憶力でも、ガリ勉の努力でも太刀打ちできない試験です。

普段からどれだけ、考える喜びを味わい、思考の楽しみを知っているか、それが高等教育の原点にある。こうした哲学教育が、文化国家として世界各国から一目置かれる、フランスの土台となっているのです。

◉高IQ不要論

IQについても考えてみましょう。

IQや知能の研究というのは、近年も激論が交わされつづけている学問領域であります。その人の持つ最大能力の値は生まれる前にすでに決まっているのだという学者もおり、そうではなく後天的にかなりの変化が見られるものだと主張している学者もいます。

複数の説が乱立している状態です。多くの研究者（大部分の研究者は、自ら口に出すことは滅多にありませんが、自分はＩＱが高いと信じていて、そのことに非常に誇りを持っています）が自分のアイデンティティをそこに求めるという要因もあってか、研究者自身の情動という要素を完全に排除することができず、議論が絶えないところです。

知能における人種間差や性差が問題となると、学問という水準を超えて、正しい倫理的発言や態度を求められるという社会的要請があります。したがって、正確な結論が倫理・道徳に反する場合、極めて口に出しにくいという事情もあります。

さて、ＩＱが高いことは一般的に良いこと、素晴らしいことと思われていますよね。確かに成績が良いこととＩＱの間には相関があり、かつ成績が良い子が将来的に稼ぎの良い子になる可能性が高いというデータがあるのは事実です。

21世紀も10年代に入った現在では、その図式はやや崩れてきているといえますが、ＩＱを高くするにはどうすればよいのか、子供のＩＱを上げるにはどうすればよいか、というご質問をいただくことも、まだまだ頻繁にあります。でも、本当にＩＱが高いことが良いことなのかどうか……、それは誰にもわからないのです。

1つ確実に言えることは、生物の目的はもっとずっとシンプルだということです。

なぜ、あなたが今のような姿をして、今のような能力を備えて生きているのか？

それは、あなたをつくった前の世代の生き延びる力が高くて、その遺伝子を持ったあなたという子を残すことができたからです。

個体として生き延びることと、集団として生き延びること（ヒトは単為生殖ではないので、子を残すのに少なくとも異性がもう一体必要です）。

この2つの条件だけが、性質が次に残っていくかどうかを決めます。

生物学的なレイヤーでの「優秀」というのは、本人の生存にとってではなく、多くの凡人の生存にとって有利かどうか、という設計になっているのが面白いところです。

ですが、みなさんが問題にするのは、社会的なレイヤーでの良い悪いであることがほとんどでしょう。生き延びられるかどうかには直結しない、局所的な勝負に勝てるかどうかにヒトはこだわってしまうのです。

学歴の高さがかえって、子供を残しにくい方向にヒトを誘導してしまうということを示唆するデータもあります。

ＩＱや学歴の高さというのは、無駄な才能かもしれないのです。ＩＱが高いことがいいのかどうかは、その人がどういう人生を選ぶかによって変わります。生き延びていくために本当に必要なのかどうかは、誰にもわからないのです。

努力の成功体験は「サンプル1」にすぎない

さて、「努力は報われる」という言葉に気恥ずかしさを感じる反面、やはり努力は大切だな、がんばらないとな、と思わせてくれるものに、いわゆる「成功本」があります。

成功本には共通の構造があり、「こんなダメダメだった自分が、ほんのちょっとのアイデア、勇気、そして努力で成功しました。だからみなさんにだってできるはずです」というのが一般的な構成です。

他人に希望を与えるという意味では、こうした本は悪いものではないでしょう。先人の事例によって励まされて、傷ついた心が癒されたり、もう少しがんばればなんとかなる、というところを耐えきって成功できたという人も少なくないと思うからです。

しかし、これは本当に一般化できる成功法則といえるのでしょうか？

成功本には著者と同じことをして失敗した人の事例や、実践することのデメリット、ネガティブ要因が書かれていないものが多いですよね。だから、**たまたま成功した人がそうだったという「サンプル1」の話でしかありません。**

すでに成功を収めた人は「やればできる」「努力はウソをつかない」というようなことをおっしゃいますが、相手の資質によっては、できないことがあります。同じことをしてもうまくいかない人というのは存在するのです。

また、**偶然の要因についても、努力を重視した成功譚《たん》をつくろうとするあまりに、軽視されて語られないことのほうが多いようです。**

となると、本来なら偶然の要因を排除して語る必要があるデータが、主観的な精神論に変貌《へんぼう》してしまう。冷静に考えてみれば、じつはあまり根拠のない人生訓とか、名言とかですね。

しかし、私たち読む側にも、それを好む傾向があるのがやっかいです。

◉成功者の真似をするのはヒトとして健康

人生で、たまたまやる事なす事がうまくいく人というのは、どれほどいるのでしょうか？

これは、不良設定問題といってもいいでしょう。条件次第でどんな答えでも出せる類《たぐい》の問題です。多いとも少ないともいえるのです。

だから、成功者の真似をしたら、成功するとも失敗するともいえる。いわゆる「成功者」と呼ばれる人の数は人類全体の50%よりは少ないだろう、という事実から論理的に導けば、失敗する確率のほうが高いかもしれませんね。

でも、**論理的に考えない人のほうが世の中には多いですし、論理的に考えない人のほうが生きていきやすい世の中です。**というか、ヒトの集団の中では、極めて論理的に考える人は、変人か、病人扱いされてしまいますよね。

本当に成功者の真似をしたらうまくいくかもしれない、と夢を見て行動する人のほうが多いから出版業界は成り立っているのでしょう。私は悪いことだとは思いません。そうして希望を失わずに行動できる人は、ヒトとして健康だと思います。

出版や著述業はある意味で人に夢を売る仕事です。出版社や著者には、読者を励まし、希望を与えていく使命があると私は考えています。

読者側も、仮に成功を収められなかったとしても、こういう本を手に取って読むと、リフレッシュでき、元気が出るものですし、がんばろうという前向きな気持ちになる。1000円前後で喜びや活力が得られるのなら、むしろお得だろうと思います。飲みに行ったり、薬を飲んだり、女の子と遊んだりするよりずっと安いのですから。

◉2 大無駄な努力

仮に、優秀な資質を持っていて、努力をしているにもかかわらず、それが報われていなかったとしたら――。

わかりやすい例で言い換えるならば、プロ野球のドラフト会議で1位指名された期待のエース候補が、結局1軍で数回の登板しかなく、あとは不発に終わってしまうことがあります。これは、なぜなのでしょう?

2つのケースが考えられます。

1つ目は、努力をしていると自分では思っていても、単に努力していると思い込んでいるだけだった、つまり実際に努力をしているわけではなかった。

2つ目は努力の方向が間違っていた、無駄な努力をしていたということになるでしょう。


1つ目のケースから吟味してみましょう。

ダイエットを例に考えてみますと、どんな人でも食べたものをエネルギーに変えて生きているわけですから、よほどの疾患がない限り、痩せるための資質は誰もが持っています。

しかし、「全然食べてないのに太っちゃうんです」と言う人がいます。これはどうしてなのでしょうか?

こういう方に、しばらく口にしたものすべてを記録してもらうと、甘いジュースや、砂糖もミルクもたっぷりのコーヒーを飲んでいたりする。確かに食べる量としては少ないけれど、摂取カロリー量を計算するとものすごかった、ということがあります。

また、筋量を増やしたくてトレーニングをしている、という例を考えてみますと、負荷をかければ筋肉が増えるという機構は、よほどの代謝異常がなければほとんどの人が持っているでしょう。

しかし、筋肉を増やしたいと一生懸命筋トレをしていても全然増えない、と訴える人がいます。この場合は、トレーニングをしているようでいて、全然負荷がかかっていないという理由がまず考えられるでしょう。自分の最大筋力よりもずっと軽い負荷で練習してもほとんど筋肉はつきませんよね。むしろ、痩せる方向に働いてしまいます。

ポテンシャルがあって、努力もしているのに結果が出ないときは、そういう間違った努力をしている可能性があります。

では次に2つ目のケース、努力の方向が間違っていた、あるいは無駄な努力をしすぎて失敗してしまうケースを考えてみます。

専門家によると、元プロ野球選手の清原和博《きよはらかずひろ》さんは現役時代、すでに備わっている実力で十分活躍できるのに、もっともっと打ちたいという願望のために、余計な筋トレをしてしまったといいます。結果、肩が硬くなってケガをしがちになり、ポテンシャルを十分に発揮できなかったといわれています。つまり、間違った努力をしてしまったということです。

がむしゃらに努力をすればいいというのは間違いです。努力をするなら正しい努力をするべきだというのは大前提です。

まず、自分が何をしたいのか、そのためにはどうすればいいのか。それを知るための努力が、本当に必要な努力です。

◉ AKB48は一歩先を読む努力をしている

さて、冒頭で挙げた高橋みなみさんの例に戻りましょう。

そもそも高橋さんは、ダンスや歌がもっとうまくなるように努力しようとメンバーに言っているのでしょうか？

その真意はわかりませんが、一方でAKB48の別のあるメンバーが興味深いことを語っていました。

「ＡＫＢ48の場合はダンスがうまい子よりも、できない子のほうがファンの視線を集めることができる」のだそうです。できないから逆にファンに応援される。**「だから、あんまりがんばりすぎないほうがいい」**と。

同じ「努力」といっても、「ダンスや歌がもっとうまくなるための努力」ではなくて、「ファンから見た視線を意識した、好感度を上げるための努力」なのかもしれません。非常に戦略的で、若いながらＡＫＢ48のメンバーはすごいなとうならされるものです。

そもそも、高橋さんが「努力は報われる」と言っているのもファンサービスというか、戦略の1つですよね。「高橋みなみは努力をする子」ということを、看板にしているわけですから。

努力するのであれば、彼女たちのように一歩先を読む努力をすべきなのです。

第1章

努力は人間をダメにする

本当の努力とは何か？

プロローグでは、「努力は報われる」は本当かどうかを検証しました。そして、報われない場合の努力とはどういうものなのか、そのアウトラインについてもお伝えしましたね。

では無駄な努力、報われない努力をしないためにはどうすればいいのでしょうか？言い換えれば、報われる努力の方法とはどんなものなのでしょうか？

答えはとてもシンプルです。

目的（目標）と、それを達成するための戦略を立てる。そして、タスクを一つひとつ処理していくだけです。

戦略をきちんと立てることが最重要です。普通は、人というのは面倒くさがりなものですから、戦略を立てるプロセスを飛ばし、1日か2日くらい何かをすると、努力した気になって満足してしまう。目標を達成できるほうが不思議です。

どんなに世の中がダイエット本であふれかえっても太った人は減りません。これは、1週間や2週間、運動したり、食べなかったりするだけで、なんとなくやった気になってしまうから。

でも、それは努力といえるでしょうか？

本人は、努力していると思っているのです。こうした、戦略のない「無意味な努力」を讃《たた》える風潮があるのも良くないことです。自己満足しているから気持ちいいとは思いますが、これでは真の努力とはいえません。

努力というと普通の人は、苦労した分だけ成果が出る、と思い込まされているのではないでしょうか？　しかし、「苦労すること＝努力」ではないのです。

真の努力というのは本来、成果を出すために必要な①目的を設定する、②戦略を立て

る、③実行する、という3段階のプロセスを踏むことです。

どれが間違っていても結果は出ません。たとえば、数学ができるようになりたいのに一生懸命外国語の単語を覚えても仕方ありませんよね。これは、②戦略を立てる、が間違っているのです。いくら苦労しても努力は実を結びません。

示唆的なのが、次の項でお話しするアラフォー女子の婚活や女磨きです。

⊙──アラフォー女子のやりがちな、無駄な努力

婚活では、年収や社会的地位が高く、あわよくばイケメンで浮気もしないという、あり得ないような人と結婚するという目的が設定されがちです（①）。もう40近くなって、あるいは40を超えるまで独身でがんばってきたのに、結婚相手が普通の男だなんて納得できない、という自負心の表れかもしれません。

しかし、そのために「自分を磨くことが大切」だと勘違いをしている人がみなさんの周りにもいるでしょう。これは間違った努力です。満足感が非常に大きいために、努力だと勘違いしてしまうのですが、その思い違いが諸悪の根源です。

戦略なき努力は努力ではない

②の「戦略を立てる」がまったくできていません。そこを安易に考え、③だけを一生懸命やってしまっている状態です。

将来的に専業主婦になるという目的のために、高学歴・高収入な男性との出会いを目指して起業したり、東大に入学したりという人もいますが、無駄が多い選択です。

確かに、高学歴・高収入な男性との出会いを増やすには良い方法でしょう。

でも、「専業主婦の奥さんが欲しい」という男性であれば、専業主婦にふさわしい女性を最初から探します。

結婚して専業主婦になることが目的なのに、学歴をつけたり起業したりと回り道をしたら、年齢的にも損をしてしまい、ますます望む条件での結婚の可能性は低くなってしまいます。受験勉強もなにもかも、無駄に終わります。

目的に合った適切な戦略を立てられていない時点で負けなのです。残念ですが、報われる可能性はゼロでしょう。

本当にすべきことはもっと若いうちに、そういう男の人たちが条件として好むような短大などへ行き、友人なり親なりを介して適切な人を紹介してもらって、さっさと結婚することだったわけです。婚活に邁進《まいしん》する女性と比べてなにも努力していないように見えるかもしれませんが、本人の目的と戦略が合致している非常に効果的な努力です。

いい人と結婚するために整形をするのも努力。自分のお家柄が良くないなら、それなりのお家の養女にしてもらうのも努力です。


私が婚活の例を出したのは、婚活に時間と労力を注ぎ込む女性たちを身の程知らずと言いたいわけではなく、目的と戦略が乖離《かいり》しているということを指摘したいのです。

つまり、勝負は15年ぐらい前についてしまっている。**結婚のための女磨きという無駄な努力を38とか39とかになってやるのは、本当に残念としか言いようがありません。**

もちろん、婚活という目的のためではなく、女磨きそのものが楽しくて、趣味のようになっているのであれば、まったく別の話です。自分のための時間をぜいたくに使える、というのは、それなりの経験を積んで自由になるお金もある、アラフォー世代以降の女性にしかできない人生の楽しみだからです。

◉ 英語が話せないのは努力が足りないから？　才能がないから？

「英語をずっと勉強しているのに、ぜんぜん話せるようにならない」と言う人がいます。

これも前項と同様に、戦略が間違っている例です。

才能がないのではなく、日本の学校では英語を話せない人が実用に向かない机上の受験用英語を教えているので、話せなくなるのは自然なのです。

だから受験英語は得意になりますが、話せるようにはならない。話せなくて当たり前です。また、帰国子女などでもともと話せる人ほど、英語の点数が取れないという不思議なことがしばしば起こります。

これはまったく才能の問題ではありません。戦略の問題です。

こんなシステムのまま小学校から英語教育をはじめれば、ますます英語が話せない人が増えるでしょう。これで税金がどれほど無駄になることかと思うと、頭が痛いですね。

たとえばフランスとかインドとか、ロシアとか、どこでもいいのですが、世界のどこかで日本人と話したこともなく、日本に行ったこともないから発音はめちゃくちゃ、だけど日本文学だけは大学でやりました（それも中世の文学だったり）、という水準の日本語教師が、現地の人に日本語を教えている、と考えてみてください。先生がまともに話せないのだから、生徒の日本語がうまくなるわけがないでしょう。

それでは、現在の義務教育の英語の先生のレベルはどうでしょう？

英文学を大学で勉強されて、教員の免許を取って、という方が大半ではないかと思います。英文学や受験英語を教えるには適切だと思いますが、子供が英語を話せるようになるためには、適切な水準とはいえないでしょう。

英語圏からの帰国子女で、ネイティブ並みに話せる人たちはほぼ、「正確な発音で話すと、日本人の先生に発音を直されちゃうんだよね」と文句を言いますね。

受験英語はハイスコア狙いのゲームであって、英語をしゃべれるようにする努力とは、まったく別のトレーニングが必要です。

試験で１００点を取るために費やす何百時間を、話すトレーニングのために使えば、あっさり英語が話せる人は激増するでしょう。

これは、国の戦略、国の努力の方向が間違っているのです。

ＴＯＥＩＣもハイスコア狙いゲームの一種です。速く読む能力や大意を掴む能力は高くなりますが、うまい切り返しや相手を説得するという能力についていては伸ばすことができません。

英語が話せるようになりたい、という人の目的は大方、仕事で的確に自分の考えを表現したい、相手を説得したい、英語を話す人のコミュニティの中で一定の社会的位置を確保したい、というものでしょう。

こうした能力を身につけるためには本来、下手だと自覚しているときから人前でプレゼンしてみたり、会話中の相手の目の輝きの変化から学んだりという努力を重ねていく必要があります。

英語を勉強しても話せるようにならないというのは、才能の問題ではなく、単に戦略が間違っているとしか言いようがありません。英語を話せるようになりたいのに、腕立て伏せを毎日１００回しているようなもので、とんちんかんなことに労力を割いているのです。

⦿英語を話せるポテンシャルは誰にでもある

ところで、適切な努力をするにしても、目的とスタートの間の距離が短ければ少ない勉強量で済みますが、ある程度長い距離があるのであれば、相応の長い時間をかけて勉強していく必要がありますよね。

東京から横浜まで歩いていくことをイメージしてみてください。地続きで、そんなに道も悪くなく、途中に24時間営業のコンビニもいくつもあって、水分や食料の補給がいつでもできる。ちゃんと準備をして、歩きつづける体力さえあれば数時間後には必ず着きます。

東大にだって正しい戦略を立て、着実に時間をかければ誰でも合格できるだろうと思います。

地続きの平原を、歩いてどこまで行けるのか、という話と同じです。

出発点が近い人、遠くの人、違いはあるかもしれませんが、少なくとも不可能なことではありません。

もちろん、そこに到達するまでの時間が、人間の一生を超えるほどの長い時間がかかるとしたら、現実的とはいえません。しかしたいていのことは、1万時間あれば、多くの人が認めるレベルにまで持っていくことができるといわれています。

1万時間というのは、1日5時間その勉強に費やすとして2000日。約5年半に相当します。

たとえば、スタートがゼロで、本気でネイティブ並みにしゃべりたいという目標を立てたとしましょう。努力のベクトルが間違っておらず、みっちり毎日5時間、ネイティブとのやり取りでトレーニングすることができるなら、誰でも6年後には目標を達成できる計算になります。毎日10時間なら3年経たずに達成できます。

声を出すための筋肉があり、人の言葉を聞く耳があり、日本語を理解できるほどの言語運用能力があるのなら、機能としては備わっているわけですから、やれば必ず誰にでもできるのです。

一方、チンパンジーにどんなに英語を教えてもしゃべれるようにはなりません。数個の単語を記号的に使えるようになるだけです。しかし、人間はしゃべれるようになる。なぜなら、文法を理解する機能が脳にあって、単語をストックできる記憶の領域があって、文を構成するための領野《りょうや》があって、人間の言葉を話すことを可能にする構音機能があるからです。

ポテンシャルとしては完璧に備わっているわけですから、あとはトレーニングだけです。

ＴＯＥＩＣのようなものは、誰でもやれば満点が取れる類のトライアルです。私が言うと嫌味のように聞こえますか？　でもこれは、嫌味で言っているのではないのです。私は９００点くらいですから、満点は取ったことがない。でも、やれば取れるものだということはわかります。

もともと目的地に近い場所にいる人、人よりたくさん歩ける体力のある人、綿密に計画を立てて無理なく1日ずつ行程を進んでいく知恵のある人……こういう人は、目的地にたどり着きやすい。でも、そうでなくてもたどり着くことは可能です。

一方、ロケットもないのに月に行こう、というのは不可能です。ロケットがあるというのが才能を持っているということ。そういうものがないのに、地球の上をがんばって何十万キロと歩きつづけても、決して月にはたどり着くことはできません。

努力は人間をスポイルする

さて、ここまで2つの「努力」の概念が出てきました。

整理してみましょう。

戦略もなにもなく、ただがむしゃらにがんばる努力と、①目的の設定、②戦略の立案、③実行の3段階のプロセスを経た努力です。

以降、前者を「狭義の努力」、後者を「広義の努力」として使い分けて考えていきましょう。ただ、付け加えておくと、後者は肉体・精神・時間への盲目的な負担に主眼を置くものではなく、ゴールが見えるルートをひたすら走っているようなニュアンスのものなので、本来「努力」とは呼びたくはありません。それなりの準備をして富士山の山頂を目指す登山客の姿そのものは「一生懸命登っている」のであって、「努力している」とは言いませんよね。ただ、ほかに適当な言葉が見当たらないので、便宜上「努力」と表記しておきます。

そもそも努力というと「時間をかける」「身体や精神に負担をかける」という古典的なイメージがあります。もちろん、これは狭義の努力の考え方です。この考えにとらわれていると、「努力は報われる」という言葉でヒトはいとも簡単に洗脳されてしまいます。

まさに、先ほどご紹介したアラフォー女子の婚活や日本の英語教育が典型例です。行動のベクトルはまったく目的に向いていないのに、本人は「がんばっている」「良いことをしている」「目的に近づいている」と思い込んでいるわけです。

ハマりすぎた人は、努力教という宗教の信者といってもいいほどです。人間の思考能力を奪うものですから、私はあまり努力教徒になることはおすすめしません。

努力している自分――。

これはとても中毒性の高いものです。努力しているさなかにあって、努力すること自体が目的になってしまっている人は、やはり「努力している自分」に喜びを感じているのです。

それを示す実験があります。

ダイエットをして、「今日はほとんど食べなくてよかった」とか、「身体に良い物を食べた」と認知している人は、**倫理的に悪いことをする傾向が高いという研究があるのです。**

これは、ヒトの我慢できる量が決まっている、ということを示す実験によるものです。つまり、我慢の限界を超えると、我慢しなければならないことでも我慢できずにハメを外してしまうのです。**「自分はこれだけ正しいことをしたんだから、許される」という言い訳を、なんと無意識のうちに脳がやってしまっているのです。**


ある行為を我慢するという形の努力をすると、ヒトは快感を得ます。そして、自己評価が高まってしまい、かえって逸脱《いつだつ》した行動をとるようになってしまうのです。

努力と逸脱した行動というのは、結びつかないように感じますが、じつは密接に関係しているということがわかったんですね。

たまにスポーツのスーパースターや、伝統芸能の人気俳優がやんちゃな事件を起こして話題になることがありますよね。

「オレはこれだけ厳しい練習をしているのだから、少しぐらいのことは許されるはずだ」と、脳が無意識に判断しているということも十分考えられます。

つまり、**努力は人間をスポイルすることがある**ということです。努力しているという感覚があるだけで、自分がすごい人間になったような錯覚を覚えてしまうのです。

現代ではどのように展開されているかというと、ブラック企業とか、今ではあまり人気があるとは言いにくい、スポーツ根性もののストーリーの中でしょうか。

努力している、という自分の状態に陶酔《とうすい》して気持ちよさを感じたくてたまらない、そして搾取されることにまったく不満を感じない、というのであれば止めませんが……。

最初からそう考える人は少ないのではないでしょうか？　いつの間にか、そう思わせられてしまっている、という例がほとんどだと思います。少なくとも、こうした世界に自分から入っていくことを積極的におすすめしたいとは思いません。

「がんばる」というのは、自分を冷静に見つめる目を失わせるものであり、努力そのものが楽しくなってしまうと、ほかのことが考えられなくなってしまう傾向があります。

◉──努力すると洗脳されやすくなる

努力している状態にあるとき、人は自分がとてもいいことをしているような気持ちになりますが、それは、内側前頭前野《ないそくぜんとうぜんや》という部分が「自分は良いことをしている」と判断することに伴って報酬系が活動し、快感を生み出すからなのです。

また、ストレスがたまるとか、睡眠不足、空腹である（血糖値が低い）、などの条件があると、人間の考える能力は低下することがわかっています。何が損で何が利益なのかが判断できなくなってしまうのです。

努力の最中に限った話ではなく、仕事で徹夜が続いているとき、とても普通の状態ではやらないような、明らかに損をするとわかる選択をしてしまうことがあります。このような状態を実際に経験したことのある人もきっと多いでしょう。

仕事ばかりでなく、徹夜でマージャンしているときなんかに経験をしたことがあるかもしれません。親のリーチに対して、うっかりたいしたことのない手で突っ張ってしまい、思いっきり振り込む。それが結構高い手で、親の倍満だったりしたらもうたまりません。その一瞬の「うっかり」で飛んでしまうことも。

つまり、人間の判断力を奪うには、睡眠時間を奪い、食べ物を満足に与えず、がんがんストレスをかければいいのです。それだけで、ほぼ洗脳できてしまいます。

努力という言葉は人を縛り、無料、あるいは安価な労働力として使いたい人が用いるブラックなレトリックなのです。真の努力とは、本当に目的を達成したいのであれば、広義の努力——適切に目的を設定し、戦略を立て、実行することです。

洗脳されたくない、と思っている人は、なにがあってもきちんと睡眠をとり、しっかり食べて、ストレスはためないという生活を送るように心がけることが肝要です。

◉——佐村河内守氏の事件に見る日本人の努力中毒

狭義の意味の努力というのは、人間として健康な状態であることを阻《はば》む概念であるということを、なんとなくご理解いただけましたでしょうか。

努力に中毒してしまっている人は、いったんここは負けておこうとか、いったん逃げておこうとか、相手にも勝たせるけど自分も得をしようとか、冷静に考えることを本当に嫌がります。なぜなら、自分の行動を美しくないように感じ、得られる快感が減少してしまうからです。

自己犠牲的な振る舞いを他者に強要したり、あるいは自身も寝てない自慢とか病んでる自慢をしたりという人も、努力中毒の典型です。

要するに、滅私奉公を良しとするのです。自分を殺し、自分を犠牲にして、目的を達成することを尊ぶ。滅私奉公を是とする気風《きっぷ》は、このようにして起こっていきます。

テレビのスポーツニュース、エンタメニュースなどでは、成功したアーティストの知られざる不幸な過去や、有名なアスリートが泣かされた過去のケガとそれにまつわる苦労話などをクローズアップすることがありますよね。エピソードとしては面白いし、一視聴者としては楽しめるものですが、時に違和感を覚えることがあります。

アーティストやアスリートの業績はそれだけで素晴らしいものであって、不幸な過去やケガがあったからといって価値が上下するものでは本来ないはずです。

しかし、多くの人はそうは感じません。なんらかの犠牲やハンデを伴っていることで、業績の価値が格段に高まるように感じているのです。

佐《さ》村《むら》河《ごう》内《ち》守《まもる》さんの耳の話がしばらく前に話題になりました。評価も意見もさまざまありましたが、**やはりその人の達成したもの（作品そのもの）と、生きざまや姿勢を混同して美化していくような風潮は、あまり健全とは私には思えません。**

◉努力中毒にならないために

では、努力中毒にならないためにはどうすればいいのでしょうか？

努力中毒にならないためには、「自分は今どういう状態なのか」とメタ的な視点で自分を顧みるクセをつけていくことがポイントです。

日本人が得意としない思考かもしれません。

気づいてはいても、空気を読みすぎてしまうために、冷静に損と利益を見極めることがしづらいからです。

周りの人たちも、直接間接に「逃げるなんて卑怯」とか、「美しくない」とか、「相手に対してもプラスになる行動をとるなんて裏切り者だ」みたいなことを言ってきたりする場合がありますしね。

努力の「努」の字というのは、奴隷の「奴」が由来という説があるそうです。

「努」という字は、あまり良い意味では使われていなかった可能性が示唆されます。つまり、他者の思考を強制され、自らの思考を放棄するということ。ブラック企業を連想させる言葉といってもいいでしょう。

努力するのに快感が伴うのは確かなことです。しかし、盲目的になるのは危険です。

あなたが今している努力は、本当にあなたがしたいことなのか？
周りに流されてやってしまっているだけなのではないか？
身近な誰かに洗脳されてしまっているのではないか？
社会そのものに洗脳されているのではないか？

時折一歩引いて、問いなおすことが必要でしょう。

その習慣のない人は、何十年もの時間が、他者のための無駄な努力に費やされ、自分のためにあるはずだった膨大な時間が搾取されていたのだということに、取り返しがつかなくなってから気づくのです。

第2章

そもそも日本人にとって努力とは何か？

◉東条首相の算術「2＋2＝80」

そもそも日本人にとって努力とは何なのか？

努力という概念はいつ生まれたのか？

もしかしたら、それは日本独自のものなのか？

第2章では、日本人にとっての努力を考えることで、努力がいかに人間の暮らしを味気ないものにしているかを見ていきたいと思います。

第二次大戦中の日本のもので、「東條首相の算術」というポスターがあります。「2＋2＝80」という式でよく知られているものです。

現在では東条英機《とうじょうひでき》元首相を批判する文脈でよく使われているのですが、本当に東条元首相の発言を元にしているのか、制作者の意図が先行してつくりあげたものなのかは定かではありません。『昭和：二万日の全記録』（講談社）によれば、１９４３年に、松下電器産業報道課が制作したものだということです。

出所はさておき、このキャッチコピーだけを見ますと、80という数字の根拠はどこから出てきたのか、論理に飛躍があるように感じます。おそらく、大きな生産力とかそういうものを表現したかったのでしょう。

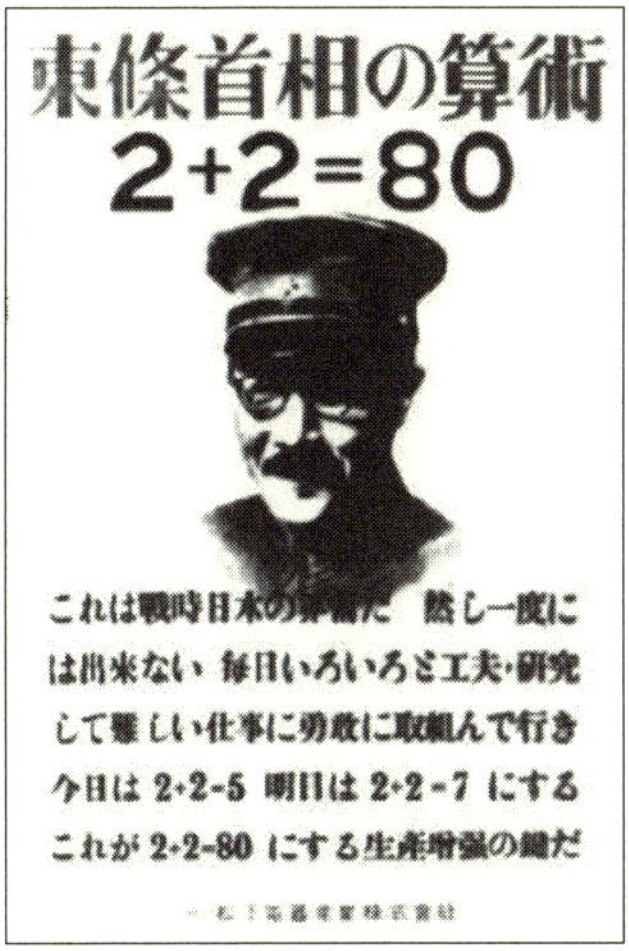

戦時中、松下電器産業報道課が制作したとされる「東條首相の算術」のポスター。

「8」という数字には「八紘一宇《はっこういちう》」とか「末広がり」とか、豊穣《ほうじょう》、多産という意味がありますから、大きな広がりを想起させる数字であったと考えられます。

健康な成人男子が全員戦地に行き、老人と女子供しか残っていない状況下で、女子供でもお国のために力になることができるんだよ、というメッセージも込められていたのでしょう。

しかし、「2＋2＝80」という数式はどう考えても論理的におかしいものです。

もし21世紀の日本で、この数式を掲げて「もっともっと力が出せるはずだ」と人々を煽《あお》る人や団体があったとしたら、「ブラック企業」などと言われて、バッシングの標的になってしまうのではないでしょうか。あるいは、単に頭のおかしい人と思われてしまうかもしれません。

しかし、戦時中の日本は、戦争に勝つために「東條首相の算術」のポスターのような非論理的なスローガンで多くの人を鼓舞《こぶ》したわけです。厳しい言い方をすれば、国民に、不可能な努力を呼び掛けたわけです。

リスキーシフトといって、こういう集団の中では過激な意見を言う人がもてはやされる空気が醸成されていきます。

そうした状況下では、素朴な疑問や冷静な意見を言う人が排除されていきます。「ぜいたくは敵だ」などと言われたり、少しでも外国語を使うと、たとえ同盟国のドイツの言葉であっても、英語と間違われて攻撃されたということもあったようです。「欲しがりません、勝つまでは」という言葉も同様の色彩を帯びています。**こうした無謀な努力を賛美する精神性が、日本の敗戦の遠因となりました。**

◉敗戦の原因は努力

第1章でもお伝えしましたが、努力教の努力信仰というのは、結果が出るか出ないかわからない、あるいは、出ないとわかっているのに、努力すればなんとかなるのではないかと、理不尽な期待をする非合理的な精神のことです。

多くの人が知っているとおり、さかのぼればこうした精神性は神風信仰に行き着きます。蒙古襲来《もうこしゅうらい》のときに神風が吹いて日本を守ったという逸話をもとに、強く念じればきっとその方向に現実が動くはずだという期待を誘う、オカルトじみたお話でありました。

日本民族に限った考え方というわけではありません。人間なら誰でもそう思ってしまうものであり、むしろ合理的な思考よりも馴染みやすいものなのです。

しかし、第二次大戦当時における、とくにアメリカと日本の顕著な違いはそこにありました。

そもそも日本は四方を海に囲まれているために、日本一国として他国と戦争をする機会がほとんどありませんでした。このような地理的歴史的条件下では、戦争で勝つにはどうすればいいのか、なかなか考えづらい。

結果、神風信仰をベースに、冷静にリスクを計算することができない集団が、意思決定をする状況になってしまった。それが、敗戦の一番の原因です。

一方、アメリカは戦争には慣れていて、精神論や根拠に乏しい期待感では当然勝てるわけがないということをわきまえており、戦争に勝つための計算を冷静にすることができていました。

物量や経済でも日本に勝っていましたから、民衆に理不尽な努力を強いる必要もなかったのですが、勝つという目的のために物量、補給線、戦力の配分など、徹底した計算があった。基本中の基本です。要するに、目的と戦略が合致した努力ができていたのです。

戦力を保存するために兵士を無駄死にはさせなかったし、きちっと兵站《へいたん》も計算して、兵が消耗せず効率よく戦えるように、戦略を練っていたのです。

日本はそうではありませんでした。インパール作戦のように、兵士を戦死どころか餓死させてしまう、パイロットたちにはあり得ないような遠距離を飛んで戦って帰ってこいという命令を平気で出してしまう上官や、参謀たちがいたのです。

無理な命令をされても戦えてしまう日本人一人ひとりの自助努力はすごいものです。そのクオリティの高さがあったから、４年も持ちこたえたのかもしれない。ですが、そうした努力も、悪循環を生むものにしかなりませんでした。旧日本軍は国民を捨て石のように扱ったのです。

日本が当時していた努力は、アメリカの努力とは真逆のものでした。死ぬ限界までやれば人ならざる何かが感応して助けてくれる。そんなカルト教団に見られる信仰心にも似た信念が、一人ひとりの戦いを支えていたのです。

こうした精神性を、多くの現代日本人は愚かでバカバカしいと感じるかもしれません。努力教に自分は騙《だま》されない、と思うでしょう。

でも、その精神性は厳然と生きています。**現代においても、甘美な「ポエム」で人を鼓舞し、人を使い捨てにするような企業があります。**

最も合理的な方法というのは、長期的な視野に立ち、人を大事にし、育てて、きちんと使える人材にすること。そして、そのような人材育成のインフラを整えることのはずなのですが……。

ただ、国や企業に体力がないと、人材育成になかなかリソースを割けないのも確かでしょう。

◎江戸時代、努力は粋ではなかった

こうした戦中の日本人の非合理な戦い方は、何に根ざしたものなのでしょう？「武士道」から来ているのではないかと推察されるかもしれませんね。

反論もあるかもしれませんが、無謀な努力を尊び、結果を軽視するのは、本来の武士道ではありません。

努力信仰が日本の精神に蔓延《はびこ》るようになったのは、明治時代です。明治政府をつくったのは江戸の武士ではありません。薩長《さっちょう》出身の武士たちです。江戸っ子たち都会人にバカにされてはならない、欧米列強に追いつかなければならない、という焦燥感、その圧力によって努力信仰が生じてきたのです。

江戸時代は、努力信仰が尊ばれる雰囲気ではありませんでした。遊び慣れない、地方出の藩士たちが吉原に行くと「浅葱裏《あさぎうら》（羽織の裏地が浅葱色の田舎武士）」と言ってバカにされたといいます。

吉原の例は特殊なように思われるかもしれませんが、時代全体が、**むしろ「遊ぶ」ということを尊びました。遊びというのはプラスの概念であって、教養のある人や余裕のある人にしかできない、高尚で粋なものだったわけです。**

庶民の識字率も高く、浮世絵を買ったり、お芝居に行ったり、文化的にも非常に豊かな時代でした。要するに、糊口《ここう》を凌《しの》ぐ、という以外のことが尊ばれたのです。

一般民衆が黄表紙《きびょうし》などの書物を買って楽しむ、なんていうことができた国が、当時、ほかにどれほどあったでしょうか。

「宵越《よいご》しの銭《ぜに》は持たない」という気風の良さにも端的に表れていますが、江戸では滅私奉公してコツコツお金を貯めて何かするということが、なんだか真面目すぎてちょっと格好悪いことだったのです。なんとなく気恥ずかしく、あまり粋なことではなかったのです。

薩長政権の功罪

ではなぜ、遊びを高尚で粋なものと考えていた庶民たちの文化が、明治維新で変わってしまったのでしょう?

明治時代には、列強に比べて日本はまだまだ途上国という意識がありました。これが、薩長の武士たちの「江戸っ子にバカにされてはならない」という焦燥感と結びつき、彼らに追いつけるようになんとかしなければと、元勲《げんくん》たちこそが焦ったのです。そして大衆もその流れに乗っていったのです。

まずマイナスの自己評価からはじまって、そこを埋めるために、努力、努力で積み上げていこうとした。

真面目にコツコツ努力をしていさえすれば実を結ぶという信念は、もともと江戸にあった気風ではなく、こうした変化は薩摩《さつま》、長州《ちょうしゅう》出身のエスタブリッシュメントたちの考え方が支配的になったことで現れたものです。

真面目にコツコツ努力することは、確かに効果的な方法ではありました。欧米に比肩するぐらいまでにテクノロジーも発達しました。また、渋沢栄一《しぶさわえいいち》らの功績によるところが大きいと思いますが、経済的にも欧米とそれなりに渡り合えるほどのところまでもっていくことに成功していきます。

しかして、努力は一定の成功を収めました。

ただ、**その過程で失われてしまった「遊び」の豊かさや、日本人らしい感性のふくよかさのような部分が、努力を重視しすぎたあまり貧困になってしまったことは否めません。**

◉――遊びは脳の栄養

江戸から明治にかけてが、1つの分水嶺《ぶんすいれい》でした。

「悪い」ことに日清戦争や日露戦争という、自分たちの実力以上の勝利を収めてしまったという「不幸」な出来事によって、ぐっと時代の空気が変わってしまったのです。このとき、盲目的に努力するという行為が美化されてしまったと私は考えています。

勝利が不幸な出来事というのはちょっと妙だと感じられると思いますが、2つの戦争の勝利こそがのちの敗戦の原因になったという意味では、非常に不幸な出来事だったといえるのです。

それ以前は、「アリとキリギリス」の童話でいえば、キリギリス的な生き方が粋じゃないか、とされるような考え方が江戸にはありました。

本来「遊ぶ」というのは、とても高尚なことです。

人間にしかできません。働くことや単純作業は機械が代替することはできますが、遊ぶというのはとても難しいことなのです。少なくとも、知性を持った存在でないとできません。

そうした考え方からすると、「生きていくために必要なことしかしない」というのは、じつに貧困なことではないでしょうか。

もちろん、努力というのは生きていくために必要なものですが、必要な部分以外にもリソースを割けるということが、豊かであり、洗練されている証拠です。文化、芸術、形而上《けいじじょう》のもの、人間らしい部分がリッチであるというのはそういうことです。

しかし、明治初期というのはどうしても、欧米列強に追いつかなければという至上命題があり、文化・芸術という本来遊びの領域である事物ですら、国威発揚《こくいはつよう》、つまり、生きていくために必要なものとして利用されたのです。

確かに、経済的には豊かになったでしょうし、国際社会にそれなりの存在感を示すこともできたでしょう。軍隊も強くなったでしょう。月・月・火・水・木・金・金、のようながんばり方を多くの人がしたわけですから。目的と戦略は合致していますから、結果が出ないわけがないのです。

しかし、そうでない部分、遊びの部分をどこかに置き去りにしてしまった。突き詰めれば、今の日本にある下品さの源だと思います。カルト教団が跋扈《ばっこ》したことや、やや病的と思えるまでに占いやスピリチュアルに凝る人が増えたのも、この反動が形成されたためでしょう。

人間の脳は、機械のようにシンプルで合理的にはできていない。**努力以外の遊びの部分というのは、脳にとってのエサともいえるものです。**

1998年に、大人の脳の中でも新しく神経細胞が生まれることがわかったのですが、せっかく新生した神経細胞も、新しい刺激が入らないと死んでいってしまうのです。新しい刺激というのはヒトが楽しいと感じられること、つまり遊びのことです。

遊びは文字どおり、脳の栄養源といってもいい。**ヒトは、努力よりずっと、遊びが必要な生き物なのです。**

遊びではありませんが、「箸の持ち方」なんかも、置き去りにしてきた部分の一例といえるでしょう。箸がまともに持てなくても、生きていくことはできる。稼ぐこともできる。出世もできます。つまり、生き残るためにはまったく必要のない部分。

しかし、だからこそ大事なのです。

生きるために必要でないことをきちんとやれるかどうか、ということが、教養の深さや精神の豊かさを端的に示しているのです。

箸の持ち方や食べ方が汚くても、国を代表する政治家として、平然としていられるというのは、やっぱりかなり下品ではないかと思います。

⦿「働いたら負け」は健全な変化

本居宣長《もとおりのりなが》が随筆『玉勝間』等で、「漢意（からごころ）」と「大和心（やまとだましい）」について述べていますね。

「からごころ」というのは「和魂洋才」という言葉の「洋才」の部分です。昔は「和魂漢才」といったのです。それで、「からごころ」というのです。「やまとだましい」は「和魂」のことです。

ここでいう漢才、洋才の部分についてですが、日本人はこうした異文化の取り入れ方がとても上手です。もともと適応力のある民族なのでしょう。「空気を読む」が得意なことからも、適応力の高さは見てとれます。

漢才、洋才を上手に取り入れることで発展を遂げ、経済大国とも呼ばれるようになりましたし、技術立国という評価を得るようになりました。明治政府の方針は一面では極めて大きな成功をもたらしたといえます。努力が結実したのです。

しかし、そちらに力を割きすぎてしまったことで、捨てなくてはならなかったものもたくさんありました。大和魂のほうは、しばらくは顧みられることがなくなったのです。その結果、非合理的な滅私奉公をすること、不条理だけれどもがんばることがあたかも大和魂であるかのように誤認されました。結果、第二次大戦中の民衆は非常に苦しむことになりました。

本当の日本の良さは、この捨ててきた部分にあるのです。**滅私奉公が、大和魂ではないのです。**

当面の生活にはとくに役に立つわけではないけれども、面白かったり、楽しかったり、美しかったり……ありのままに感じるものを大切にできるということ。これが大和魂で、人間の持つ余裕や、優雅さや、豊かさや、風格というのはここから発するものなのです。

しかしながら、大和魂は努力信仰によって壊されてしまったのです。

ただ、00年代ぐらいから少しずつ、遊びの部分が大切なんじゃない？　と自然に口にできる人が、市井にも増えてきています。

テレビの街頭取材で「働いたら負け」と言った人が話題になったことがありました。これは新しい現象のように見えますが、じつは、日本の昔話にも「三年寝太郎」という物語があります。こうした物語が語られる、本来の日本の精神性に、近年やっと回帰してきているのではないでしょうか。

団塊の世代前後の人たちは、真面目に努力する人が減った、劣化している、ゆとり、さとりなどと若者の様子を嘆きますが、これは極めて皮相的かつ一面的な見方です。ゆとり、さとりというのは、本質的には若い人が努力信仰に洗脳されることなく、豊かな精神性を持つことができるようになったことを示す傾向で、望ましい健全な変化だと私は考えています。

◉――ニートは日本が世界に誇る資源

一般的な社会通念では、ぐうたらしているというのはあんまりいいこととはされません。

しかし、ぐうたらしている「三年寝太郎」の寝太郎は、なにも生産していないわけではないのです。干ばつに悩む村人をよそに眠りつづけていた寝太郎は、周囲から呆れられていましたが、じつはその間にいかに灌漑《かんがい》を成し遂げ、村を救うかを考えていたわけです。つまり、ぐうたらのさなかに、他の人にはできない知的生産をしている。そういう意味では、ぐうたらという姿勢を、もっと評価してもいいのではないかと思います。

現在の日本では「働いて、役に立つ人」と「働かず、役に立たない人」との二項対立が生まれています。たとえば、「ゆとり」「さとり」「引きこもり」「ニート」など、なんでもかまいませんが、「役に立たない人」に分類される人たちは、社会から排除されるのです。

さらに「電車の中で泣きわめく赤ちゃん」「妊婦」「子連れの母」「育休を取る父親」も「役に立たない人」にカテゴライズされています。「不景気」という印籠《いんろう》のもと、「役に立たない人」が排除される傾向は年々強くなっているように感じます。

これでは、子供を産む人は減る一方で、ますます少子化は進んでいくでしょう。

私は、泣き叫ぶ赤ちゃんや騒々しい子供たちや、妊娠しているお母さんたちと同様、**ニートや引きこもりが、日本のリソースなのではないかと考えることがあります。**即効性のある、すぐ結果が目に見える活動のためのリソースではありません。そんなことは働くのが好きな人たちか、あるいは機械やロボットに任せておけばいい。

ヒマで、あまり生産しているようには見えない人たちの視線や思考は、目まぐるしく動く社会の表層からは少し離れたところにあり、じつはそこに文化の豊かさや、教養の深さ、未来の社会に資するいろいろな物事のヒントがある。彼らの考えていること、見ているものを、知的生産物として再評価してみると、高い価値を持っているのです。

代表的な例が、「クールジャパン」として、今世界に売り出そうとしている一連の知的財産です。もともとは、社会のメインストリームではない、「役に立たない」種族たる「オタク」「ニート」「引きこもり」と呼ばれた人々の文化でした。

これが、クールであるとして世界の注目を浴び、政府があとから追いかける形で、この知的財産を国レベルで収益化できる構造にしようと動いているというわけです。

ところで、ＮＥＥＴというのは「Not in education, employment, or training」の略ですね。雇われたらニートではなくなってしまいます。

ＮＥＥＴ株式会社（若者の失業・無職者が集まり、全員取締役に就任することで２０１３年

11月に設立した株式会社）が一時期話題になりましたが、そこには、雇用された従業員は1人もいないそうです。メンバー全員が取締役で、成果に応じた役員報酬のみが与えられる。そして、登記上の事業目的は「一切の事業」です。

面白いと思うのは「すぐに儲かるかどうかわからない事業やサービスも、楽しければ飽きるまでやる」という彼らの方針です。近視眼的な「儲かるかどうか」ではなく、「楽しいかどうか」で決める。これがニートたちの持つ、本質的な価値でしょう。

NEET株式会社が成功するかどうかはわかりませんが、私はこういう試みがあるだけでも面白いと思いました。

そもそも同じニートでも、本家イギリスのニートと現代日本のニートでは、かなり知的レベルが違うのではないでしょうか。大卒・院卒がいて、基礎的な教養もあり、文字が読めないということはまずないし、結構弁も立つし、メタ思考もできる。

なにより、彼らの面白いところは「働いたら負け」ということがわかっている点です。ここでいう「働く」というのは、つまり狭義の努力のことでしょう。働くということイコール奴隷になることだというとらえ方をしているのです。そのうえで、なんとか自分が生きていくすべを模索しているというわけです。

彼らは「努力」の本質を見抜いています。狭義の努力をさせようとする社会の欺瞞《ぎまん》を、無意識に感じ取っているのです。

◉役に立つことしかしない人間は家畜と同じ

日本人の勤勉さは美しいものです。

が、なぜ美しいものと映るのか？

それは、他者（あるいは諸外国）にとって、都合のいいものだからです。勤勉さを尊ぶ気風があってもいいとは思いますが、前述したように「日々の生活を楽しむ」という遊びの部分を見失わないでほしいと思います。


よくこうしたお話でやり取りをするのは漫画家の江川達也《えがわたつや》さんです。江川さんは「欧米風の合理主義は野蛮」と言います。

私は江川さんの考え方に八割方賛成しますが、じつは、欧米人にも合理的ともいえない部分があります。土着の遊びだったり、まじないだったり、要するに一見役に立たない無駄な部分を許容する余裕があるのです。

人間なので、合理的に行動しないほうがむしろ当然ともいえます。じつは、**人間以外の多くの動物のほうがずっと合理的に行動します。**エサを取る、子孫を残す、生き延びるために可能なあらゆることを試す。**一見、損をしかねないような非合理的な意思決定をするというのは、人間に独特のもので、高度な機能なのです。**

もし欧米の友達がいたら、人間としては共通の部分が多いということにすぐ気づくでしょう。巷《ちまた》で言われているほど彼ら自身は合理的でもなく、違うのは社会通念なんだ、と感じることができると思います。

日本人と欧米人の交流は、とくに幕末から明治期にかけては技術や知識といった「役に立つ部分」でのやり取りが主だったのではないでしょうか。

これからは、非合理的な部分・役に立たない部分での交流がもっと必要です。規模が大きいものでは儲けを度外視したアートや、政治に利用されない思想です。

ところが今は、すごく野蛮なところ、すぐ結果が出るものだけによる交流がほとんどです。

アートやポップカルチャーも、現在は市場拡大を期待される売り物として利用されている。これはこれで国の戦略の大きな流れとしては間違ってはいないと思いますが、そうでない部分、本当に魅力的な部分がついていけるのかどうか。

野蛮というのは要するに「役に立つ」とか「儲かる」ということです。

◉役に立たないところをリッチに

私たちは明治以降、欧米人たちに対しても、野蛮な態度で接してきてしまっているのだということを知らねばなりません。

「何かあいつ好きなんだよね」とか「一緒にいると楽しいよね」という理由で欧米人とやり取りしている人は少ない。これでは、コミュニケーションとしてはとても貧困ですし、もったいないことです。

欧米人たちは日本が役に立つかもしれない国と思って接し、一方私たちも、この人はあとで役に立つから仲良くしておこうとか、野蛮な次元でのやり取りが主なのです。それが、仕事上だけでの付き合いというものです。

要するに、**一般的に努力というと、多くの人が注目するのは野蛮な部分になるわけです。**すぐに結果が出るかどうかに目を向けてしまう。

お金儲けをしよう、勉強できるようになろうというのも同じです。自ら「役に立つネジになろう」「役に立つ歯車になろう」と思ってしまう。有限の時間しかない人生なのに、そんな努力をして本当に楽しいのだろうか、と私は思います。

そもそも、役に立つネジになるための努力は誰にでもできます。目的が明らかで戦略も多く示されているのですから、実行すればいいだけ。すでにレシピがある料理を、そのとおりにつくればいいようなもので、簡単なことです。

本当に難しいのは、役に立たない部分をリッチにしようとする努力です。

この不景気に何を言っているのだ、と言う人は多いでしょう。でも、そういう反論をしてしまうことこそが野蛮です。役に立たないことができるのは、人間が高度な文化を持つ証だからです。

そして、長期的に見たとき、即座には役に立たないように見えるけれども心惹かれる事物、というのが、最も人類の未来に資するものなのです。

エジプトのピラミッドも中国の莫高窟《ばっこうくつ》の壁画もロシアのボリショイ・バレエもウィーン・フィルもゴダールの映画も手塚治虫の漫画も、生きていくうえではまったく必要のない、場合によってはぜいたくな事物です。しかし、だからこそ、人間そして人類にとって、大切なものなのです。

◉だから婚活女性のほとんどはダメ

また婚活を例にして考えてみます。

すべての人がそうだというわけではありませんが、婚活パーティに通う女性に聞いてみると、驚くほど相手の人柄を見ていないのです。

基本的に、年収、職業、容姿。そのあとに、できれば性格もいいほうがいいな、という条件がついてくる。性格がいいといっても「自分に対して優しい人であるかどうか」

ということであって、「相手の男性も、心を持った人間である」ということはあまり考慮されていないようです。

しかし、結婚生活では何年も何年も、夫婦が毎日一緒に過ごさなければならないわけです。つまり、相手の人柄というのが一番大事な要素になるといってもいい。

婚活でお見合いのようにして選ぶのならなおさら、相手が人を見下したりするような人間ではないか、自分だけの利益を追求して女性を家政婦のように使う人間ではないか、言葉の暴力で人間を傷つける人ではないか、人を騙してもなんとも思わないような人間ではないか等々、人柄を最優先の条件としてきちんと見極めないと毎日毎日忍耐の連続で、本当に大変な生活になってしまう。早晩、離婚か別居か、女性が恨みを募らせるという結果になってしまうでしょう。

もちろん、何年も何年も毎日我慢できる自信があって、言い方は良くありませんが身売りをする、というような覚悟で結婚を選択するであれば話は別です。そうなると、**自分で自分を殺し、相手の都合のいいようにどこまで振る舞えるのか、という問題になってきます。**

何十年か前に、恋愛結婚が普通のことになるまでは、お見合い結婚が主流でした。結婚という仕組みは働く男のために、家のために、社会のために、というものだったのです。女性は男、家、社会を維持するための補助的な役割を担い、自立的な経済生活を営まず、権利も主張しない、できないという構造でした。

女性は基本的には男を立て、男に逆らわないもの――そういう交換条件のもとで、専業主婦が男の収入で守ってもらう、ということが成立したのです。

現代の婚活ではそのことがすっかり忘れられています。なんだか専業主婦が悠々自適のセレブママのように喧伝《けんでん》されているのにも疑問がわいてしまうのですが、多くの専業主婦は、男の振る舞いに我慢することが大前提で養われていた、ということを忘れてはならないのです。

自由な振る舞いや発言など許されず、自立した女性はとても少なかった。それで社会が成り立っていたのが昭和という時代でした。

収入の良い人に養ってもらうのはたいへん結構なことですが、自分の自由を売り渡すこととの引き換えであると気づいて婚活している人が、今、どれほどいるでしょうか。

◉――努力家は野蛮人

このように書いていくと、「努力する人は野蛮である」と聞こえるでしょう。

これは、ウソ偽りのない私の考えです。

もちろん、人間だって生き物ですから、野蛮な部分があって当然です。生き物として合理的な選択、意思決定をする機能を使って生き延びていくわけだから、もちろん必要な部分です。

しかし、野蛮さしか持たない人を信用すべきではありません。あなたが、その野蛮さの犠牲になってしまうからです。

無駄な部分への視線がない人は、人を傷つけることを厭《いと》わないものです。無駄な部分というのは、じつは、ヒトが仲間を思いやるという行動を可能にするために生まれた、長い目で見ると役に立つ無駄なのです。

魚類や爬虫類《はちゅうるい》は自分の卵や、自分の卵から生まれた子供でも、ごく自然に食べてしまいます。たとえばメダカなら、卵や稚魚を親に食べられないようにするのに工夫が必要になるほどです。

ただ、これも個体が生き延びるためには合理的な選択です。子供は親からできるだけ遠くに行こうとする。これも合理的な選択です。

しかし、ヒトはそんなことをしませんね。子供を殺すという行為にはそもそも、情動のブレーキがかかる。さらに、**倫理的に許されない、とする。倫理というのは非常に無駄が多いのですが、無駄があることで逆説的に生存に有利になり、子孫が繁栄する。そして、文化的な社会が成立するのです。**

◉本来のアメリカ型成果主義は努力を強制しない

日本のビジネスの現場における努力についても考えてみましょう。

今から20年ほど前、バブル景気あたりまでは、日本の会社の雇用形態は終身雇用、年功序列が当たり前でした。そうした環境下においては、目立つ結果を出していなくても、クビを切られるリスクは今よりはるかに低かったのです。

しかし、現在はアメリカ式の成果主義が輸入され、結果が重視されるようになってきました。そして結果を出すために、経営者は社員に尋常でない努力を要求するようになりました。

不景気ですし、営利目的なのだから成果主義に目が向くのは仕方がない部分もあるでしょう。しかし本来、「成果主義」は決して努力を強要するものではなかった、ということをご存じでしょうか?

日本人からすると、アメリカの企業は成果が出ない人間をすぐに切り捨てているように見えます。しかし、彼らが人を解雇するときの考えは、日本の企業が人を解雇するときよりもずっと軽いものです。

たとえば、次のようなレベルです。

「彼はこの仕事に向いていないんだろう。ほかの仕事をやったほうがきっといいはずだ」

一方、日本企業ですと、解雇する・されるというのはたいへん重い意味を含んでいて、一度クビを切られたら「あいつはダメなやつだ」「オレはダメなやつだ」と思われてしまう。

アメリカ社会は、日本人が思うよりもセーフティネットはしっかりしています。地域共同体が、とくに都市部ではほとんど壊滅状態の日本と比べると、キリスト教コミュニティが存在する分だけセーフティネットが機能しているのです。いくらクビを切られたとしても、別にダメ人間という烙印《らくいん》が押されるわけではなく、まだ自分にはほかの役割がいっぱいあるはずだという思考ができるのです。

一度失敗したら「あの人はどこへ行ってもダメなんだ」という烙印が押される日本と、「ああ、あの会社とは合わなかったんだね」というふうに認知されるアメリカとでは、社会の基本構造からしてまったく違います。

しかし、日本は「アメリカ企業は簡単にクビを切る」という一面だけを切り取って成果主義を輸入してしまった。

日本の会社の良い部分は無駄だという評価をされて切り捨てられ、ブラック企業や追い出し部屋が問題化するなど、なんだか人間をただの労働力としてしか見ないような、おかしな見方が蔓延《まんえん》してしまいました。

「1回の失敗が1回の失敗でしかないと思われる国」と、「1回失敗したらもう人生終わりと思われてしまいかねない国」という、そもそものコンテクストの違いがあるのに、アメリカ社会の成果主義の一面だけがクローズアップされたので、おかしな結果が出てしまったのです。

比較するなら、多くの条件を吟味してもっと慎重にしなければならないのですが、経営者たちが「労働力を安価に使い、解雇もしやすくしたい」という意図から、恣意的《しいてき》に都合のいい部分だけを切り取って導入したのかもしれない、と私は邪推《じゃすい》してしまいます。

◉—なぜ欧米には努力中毒が少ないのか？

欧米では滅私奉公的な努力をせよという社会的な圧力が、あまりかからないように思います。ただ、圧力があったとしても、それをものともしないような、鈍感な人が多いのも事実です。こうした鈍感さ、敏感さの違いは、遺伝子の違いである程度説明がつけられます。

具体的には、セロトニントランスポーターの密度が違うのです。

セロトニントランスポーターとは、神経細胞がいったん放出した「幸せホルモン」などとも呼ばれるセロトニンを再取り込みするポンプのような役割をするタンパク質です。セロトニンをリサイクルするシステムの一部ですね。セロトニントランスポーターが多いと、どんどんリサイクルができるので、セロトニンを脳で効果的に使いまわすことができるのです。

遺伝子の違いによって、セロトニントランスポーターが多い人と、中くらいの人と、少ない人の３タイプに分けられます。つまり、たくさんのセロトニンが使える人と、中ぐらいの人と、あんまり使えないタイプの人です。

日本人はセロトニントランスポーターが少ないタイプのほうが圧倒的に多く、７割ぐらいがこのタイプです。欧米人を対象にした調査ですと、セロトニントランスポーターが少ないタイプの人は２割以下しかいません。

一方、セロトニントランスポーターが多い人の割合を見てみますと、日本人は２％ぐらいしかいないのに、欧米人は30％ぐらいいます。

では、どんな違いが表れてくるのか？

じつはセロトニントランスポーターが少ない人はセロトニンが少ないので不安になりやすいのです。

他人に「そんなのおかしいよ」とか、「あなたは努力が足りない」などと言われると、「そうかな、私が悪かったのかな」と不安になって、自分の主張を貫くことが難しくなり、流されてしまうことがしばしばです。一方で、損害を回避しようとする傾向も高いので、コミュニティの空気を敏感に察知したり、他人に合わせたりという行動はとても得意です。

空気を読む、ということには集団における多人数の協力を促すという意味で、一定の価値はあり、生存に有利に働いたという環境も確かにあったのです。

しかし、今は鎖国している時代でもありませんし、海で隔てられているとはいっても簡単に海外に行ける時代、国外と国内は徐々にシームレスになってきています。**つまり現状、日本人の慎重さや空気を読む力というのも、あまり生存に有利に働く要素ではなくなってきているということです。**

日本人に努力中毒が多い原因は
セロトニントランスポーターにあった!

セロトニントランスポーターの仕組み

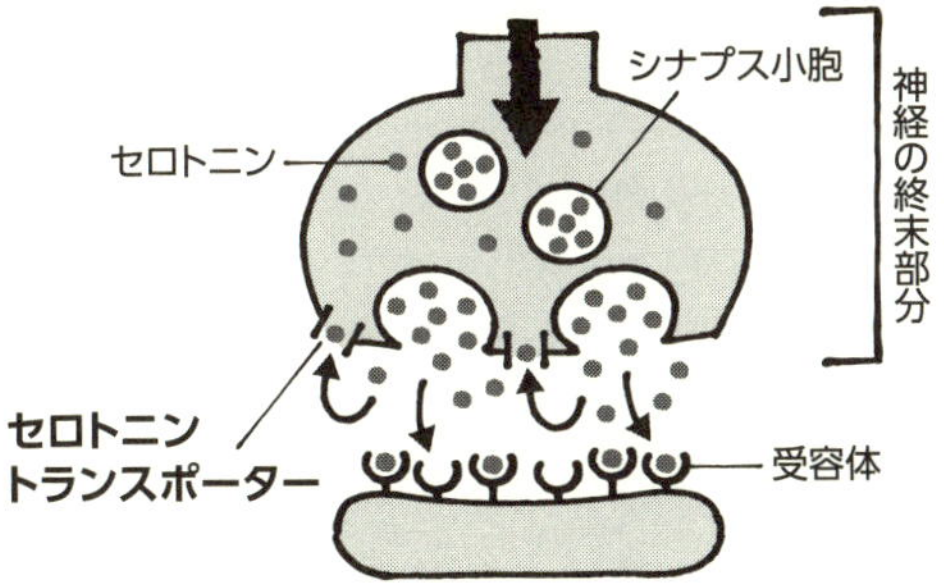

セロトニントランスポーターは「幸せホルモン」などと呼ばれるセロトニンを再取り込みする門のような存在。数が多いほど、効果的にセロトニンをリサイクルできるので不安になりにくい。

セロトニントランスポーターの量で見る人物像

日本人の7割はセロトニントランスポーターが少ないタイプ。
心配性のためか、努力をしていないと不安になってしまう傾向がある。

また、セロトニンは戦う・喧嘩《けんか》する・逃げるための物質であるノルアドレナリンの分泌を抑える働きがあります。セロトニンが少ないとノルアドレナリンが出やすくなるわけです。

こうした脳内神経伝達物質の動態が基本にあって、慎重で人の言うことをよく聞き、空気を読むけれども、我慢して我慢してキレてしまう日本人の国民性ができあがるのです。

◉――だから日本人は0から1をつくれない

アメリカ人とそれなりにやり取りをしたことのある日本人からは、「彼らは明るくていいやつなんだけど自分語りが多いしいつもポジティブすぎてちょっとウザいところもあるかな……」という感想をしばしば聞くことがあります。

「全然人の話を聞かねえな」とか、「あんなに説明したのに、何で自分のやりたいようにして返すんだろう？　我が道を行きすぎている」とか、「自分語りしかしないんだったら最初から人に話を聞かなければいいのに……」というようなことも聞きます。日本の社会通念とはちょっと違う振る舞いをするので、面白いですね。

これも、セロトニントランスポーターが多いタイプがたくさんいる国なんだと考えると、彼らの行動に納得がいきます。

共感能力が欠如しているわけでもなく、とても陽気で楽しい人たち。だけれども、「自分の考え方が間違っているかも」というフィードバックはあまりしないようです。

セロトニンがたくさん使えるので、さして不安になることはないし、ノルアドレナリンの量が少ないために、緊張してあがることもあまりない。将来的なリスクについてもやや過小評価気味に行動します。そして、失敗してもあまりへこたれません。

一言で言えば楽天的な人たちです。本人は人生が楽しいでしょうが、周りにもし心配性な人がいたら、その人はちょっと大変ですね。

彼らはリスクを恐れないので、0から1をつくるのがとても得意です。また、周りの人の批判が耳に入ってきても、悠々とスルーしてしまいますから、「こんな商品があったらヤバイよね？」という冗談みたいな発想で、イノベーションを起こすことが得意です。

もちろん、創意工夫や発想力という点では、日本人も引けを取るものではありません。イノベーションを起こすポテンシャルはあるのです。

しかし、なぜ日本でイノベーションが起こりにくいかというと、「そんなのつくっても売れないよ」と言われたときの心理的な反応が違うからなのです。

ネガティブな反応が起こると気持ちが落ち込んでやる気がなくなってしまう。「あなたの言っていることはおかしい。間違っている」と言われたときに、気になって足がすくんでしまい、次の行動を起こせなくなってしまったりする。だから0から1を生むというのは日本人はちょっと苦手なんです。

決してひらめきがないわけでも発想がないわけでもありません。ただ、周りの空気に敏感であるあまりに、素晴らしい発想が潰されてしまうのです。

一方で、日本人の得意なことは、1があったときにそれを100まで磨き上げることです。弱点を見つけて改良するといった場合の工夫は非常に得意です。

というか、セロトニントランスポーターの密度でいえば、日本人が世界で一番心配性で、今あるものの弱点を見つけることに長《た》けている国民です。これほど工業製品の品質が高く、サービスが行き届いているのは、この性質のおかげだともいえるのです。こんな素晴らしい国は世界のどこにもありません。

ですので、もし自分は０から1をつくるのが苦手だなと思ったら、無理に「イノベーションしなければ」なんて考えて、新しいものをつくろうとしなくてもいいのです。何か今すでにある種を見つけて１００まで育てる作業をすると、世界一の仕事につながりやすいでしょう。

それが欧米と日本の努力のあり方、戦略の違いです。適性にあった努力の仕方が必要です。

⦿自分を痛めつけるのが大好きな日本人

私がいたフランスの研究所には、日本・中国・台湾・フランス・イギリス・ドイツ・アメリカ・オランダ・ベルギー・イスラエル・イラン・メキシコ・ブラジル・スペインなど、いろいろな国の人がいました。みんなｆＭＲＩを使って脳機能を測るということをやっていたのですが、仕事ぶりはやはりいろいろです。

研究所に限ったことではないのですが、おおざっぱに比較すると、**自分を痛めつけることを努力だと思っているのが日本人という傾向はあるようです。**

一方、他国の人はみんな、努力とは目的をスムーズに達成するためにやるものだという考え方を持っており、無意味に努力する人を見て「間抜け」と言う人たちまでいました。

フランスだからかもしれませんが、彼らには「楽しんでこそ人生」という透徹《とうてつ》した考え方がありました。そういう風土では、楽しみを犠牲にしてがんばるのは本末転倒、「そんなことをしている人は本当にバカなのではないか」と思われてしまうようです。

努力という言葉を広義にとらえてみますと、彼らは、人生を楽しくするために非常に努力しているということがいえるでしょう。

19時になったらなにもないかぎりさっさと研究所を出て家へ帰るとか、自分に無理難題を吹っ掛けてくる人には極力近づかないようにしておくなど、心がけていたようです。

そうした環境の中に放り込まれた当初、違和感ややりづらさみたいなものは感じました。自分がやってきたことはバカバカしいことなのかなと思ったりしましたが、ある意味新鮮ではありました。また、そもそも私は違った考え方を取り入れることが割と好きなので、彼らの習慣や工夫を受け入れることにはそんなに抵抗はありませんでした。

みなさんはどうですか？

セロトニントランスポーターの差があるので欧米人のように振る舞うのは無理、とお思いになられたかもしれません。

でも、ちょっと待ってください。

江戸時代の日本人たちは「遊びは粋なこと」と考えていたことをお忘れですか？　人種に関係なく、個人の意識の持ちようで、いくらでも人生を楽しく前向きにとらえることだってできるのです。

第3章

努力が報われないのは社会のせい？

格差社会幻想論

さて、プロローグでは「努力は報われる」を半分本当で半分ウソであると述べました。そして第1章では、「狭義の努力」ではなく、「広義の努力」であれば必ず報われると述べました。

しかし、次のような疑問が、みなさんの中に残っているのかもしれません。

いくら広義の努力をしたって、自分の力ではどうにもならない問題、たとえば社会的な制約によって報われないことがあるのではないか？

たしかに、そうしたご意見は否定できません。

とくに現在、「格差社会」と言われて久しくなりました。夢を見づらい世の中だと感じている方もいらっしゃるかもしれません。自分が置かれている不遇な状況を、出自や社会と関連づけて考えるトレンドもあるようです。

しかし現代の日本は、すごく努力が報われる時代であり、国であります。

なぜかというと江戸時代みたいに身分制度ががっちり固まっているわけでもない。フランスのように貴族がいるわけでもない。

アメリカは、「アメリカンドリーム」という言葉があるように、努力が報われる国のように思えますが、ここには「ヨーロッパのような階級社会と比べて」というニュアンスが含まれていることを考慮すべきです。

じつは、アメリカで階級間での移動ができるのは約４％といわれています。25人に1人です。

数字を見て多いと思うか、少ないと思うか。私は意外に少ないなと感じました。学校の50人クラスの中で２人という水準です。

ここでいう階級というのは、学術的な言い方では、社会経済的地位、「Socio-Economic Status（ＳＥＳ）」です。

年収や社会的地位である分け方をすると、他の階層から大富豪になれる人の割合というのは、意外なほど少ないということがわかったのです。つまり流動性はそんなにない。

一方、日本のデータというのはないのですが、実感としてはアメリカよりずっと甘いという印象を持っており、社会的には努力が報われやすいと思っています。

たとえば天皇家の玄孫《やしゃご》の竹田恒泰《たけだつねやす》さんと華原朋美《かはらともみ》さん、元ＡＫＢ48の畑山亜梨紗《はたけやまありさ》さんが交際しているという報道があっても、話題性には富んでいますが「けしからん」などとはとくに思われない社会です。

私は、実家は年収が２００万円を切るような時期も相当ありましたから、貧困層といって差し支えないほど貧乏な家庭の出ですが、奨学金制度や特待制度を利用して大学院まで行けましたし、がんばり甲斐があるなと思っていました。

また、実家の貧乏を指摘されていじめられたというような記憶もありません。いじめは、貧乏・裕福や成績が良い・悪いことが理由として起こるのではないのです。いじめ

日本は本当に格差社会!?

世界各国のジニ係数を比較

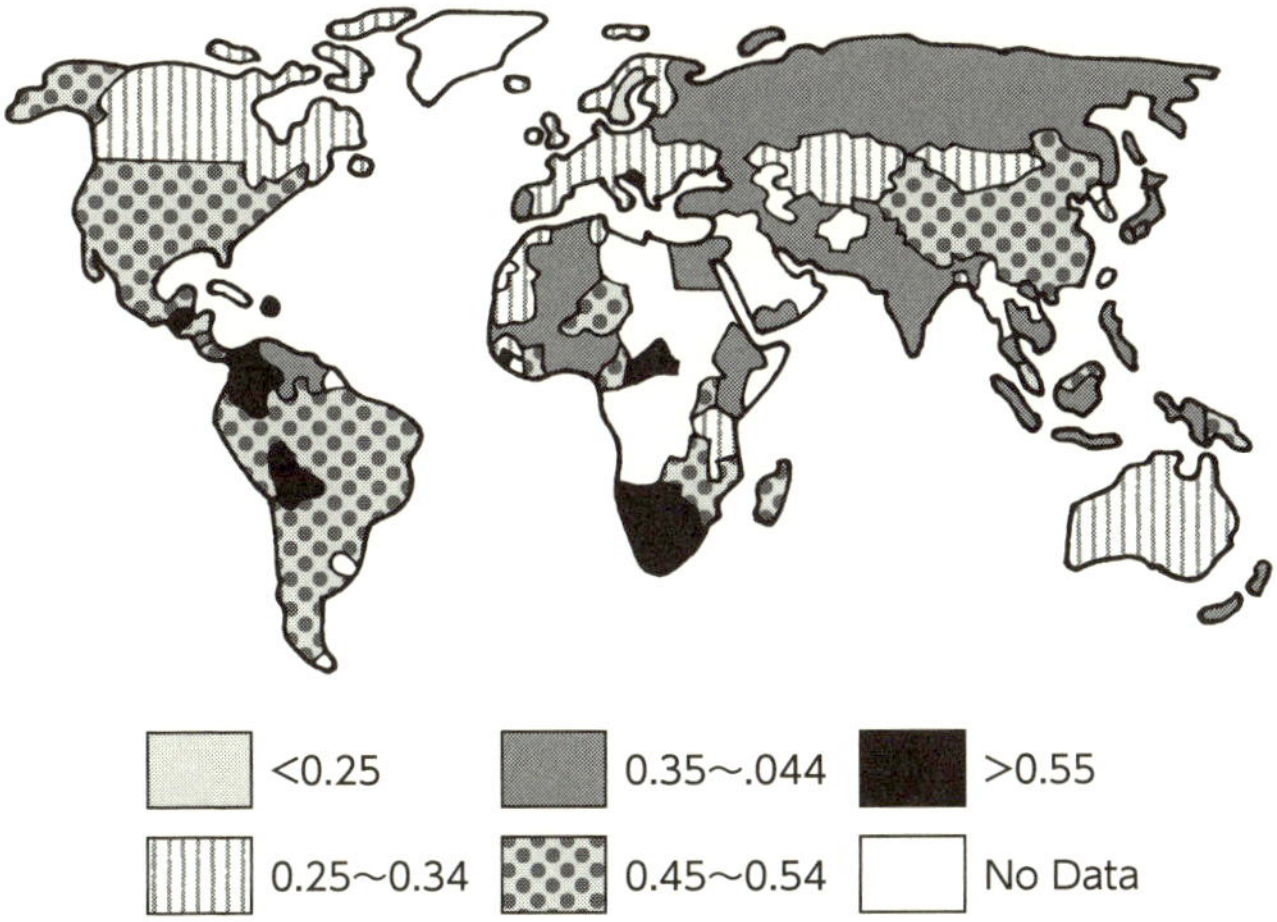

「Gini Coefficient World CIA Report 2009」を基に作成

ジニ係数とは所得配分の不平等さを表す指標。値が0に近いほど格差が少ないことを示す。より細かく数値を区切ると、日本は「0.35～0.39」に位置する。世界的に見れば、日本の格差は大したことない。

という現象は、平時に、特別な理由なく起こります。

社会における所得分配の不平等さを測る指標であるジニ係数の世界各国の値を見てみますと、日本は共産主義国家であるはずの中国と比べてもそれほど高くない。アメリカと比べても低い。

世界各国の中でもそれほど格差が大きいとはいえない、ということがわかるでしょう。

ジニ係数というのは、数字の範囲は0から1で、係数の値が0に近いほど格差が少ない状態であることを意味します。反対に1に近いほど格差が大きいということになります。0・4を超えてくると社会的に不安定であり、争乱が起きる可能性がぐっと上がるとされています。

ヨーロッパ諸国での値が低いのは、高い税金と社会保障の充実が富の再分配として評価に加味されているためです。

ただし、調査年度や調査機関、世帯人数、所得の計算方法などの違いにより、基本的には単純比較が難しく、比較するうえでは注意が必要であるということを付記しておきます。

◉日本ほど教育格差のない国は珍しい

ジニ係数を見ても明らかに格差社会とはいえないことがわかると思うのですが、**たとえば教育という分野に関していえば、海外で大きなコストを掛けずに日本ほどきちんとした教育を受けられる国はほとんどありません。**

ヨーロッパやアメリカをはじめとした諸外国では、一般的に公立の学校のレベルは低く、お金持ちないしはエスタブリッシュメントの子たちは小学校からずっと別の学校に入れられます。お金の有る無しで差がつきます。

その差は日本の学校の差どころではありません。日本の公立と私立にも確かに差がありますが、雰囲気が良いとか悪いとか、親の年収が違うというような差で、教えている内容がひどく違うというよりは、学校の雰囲気にやや差がついているという形です。

しかし、とくに欧米では教えている内容からしてかなり違うのです。

大人になってもお釣りの計算ができないような教育。移民に限った話ではなくて、アメリカのアングロサクソン系の白人でも、階層の下のほうにいる人は同じです。

日本では256円のものを買おうとして、ぴったりの小銭がないというときに、300円に加えて11円を出したりするでしょう。300円だけ出して44円のお釣りをもらうと、3枚出して8枚戻ってくるのでお財布の中には合計で5枚増えることになり、幕張《かさば》ってしまいます。しかし、311円出して55円のお釣りをもらうなら、5枚出して2枚戻ってくることになるので、合計でマイナス3枚となり、小銭でだぶついたお財布がちょっとすっきりします。

でも欧米で同様のことをしようとすると、「はぁ？」という顔をされます。客をバカにする文化があるわけでもなんでもなく、単にお釣りの計算ができないのです。

その程度の計算力しかつけてもらえない。いわゆる庶民はその水準のトレーニングしか受けられないのです。もちろん、ボキャブラリーも豊かとはいえません。

その代わり上澄みはものすごくて、日本にいる普通のエリートとはレベルが違う。

お釣りの計算も難しい感じの庶民と、上澄みのエリートの差は日本社会の姿からは想像できないほどかけ離れています。

でも、一念発起して一生懸命勉強して、レベルの高い学校に行こうとする人も中にはいます。が、あまり階級間の移動が頻繁に起こるというような、夢を見させるような教育は、なされていません。

仮に目指したとしても、私が日本で東大を目指したよりも、要求されるタスクやハードルは比較にならないくらい多くて大変です。なぜなら、エリートとされる人たちはものすごく排他的だからです。貴族、著名な学者の子孫、歴史上の人物といえるような思想家の子弟、大富豪・大企業家の子弟といった人たちがたくさんいて、その人たちのつくる社会は決してオープンではなく、非常に閉鎖的です。

◉格差を生み出すのはお金ではなく発想力

しかしながら日本の場合、努力が報われるのはせいぜい20代前半ぐらいまででは？

たとえば、高卒の人が東大を卒業して一流の上場企業に入社した人を逆転できるとは思えないのですが……？

そんな考えをお持ちの方もいらっしゃることでしょう。まだ日本の企業に非常に活力があって、年功序列制度ががっちりと機能していた時代であれば、そうだったかもしれません。

しかし、今はいい会社に入っても、いつの間にかまるごと外国の企業に買われ、アメリカや韓国や中国の会社になっていた、ということがあり得る時代です。年功序列も、日本の教育機関における学歴も、あまり意味がない方向に向かいつつあるのです。逆転が一番起こりやすいのが現代の日本ではないかと思います。

ただ、ワーキングプアだといって嘆いている人たちには特徴があります。それは、働いたらその分だけ誰かから給与としてお金がもらえる、という発想で働いている点。

確かに中卒だったり高校中退だったりという経歴ですと、雇ってもらうという形態では働き口が限られてきます。しかし、起業してサービスを自分で提供するという形なら、いくらでも稼ぐことができる。努力のしがいのあるところです。

無駄に学歴をつけようとあれこれ無理をするより、よっぽど賢い努力だと私は思います。

起業するときに学歴が足かせになるという話は聞いたことがありませんし、中卒だからといってお金を貸してくれないということは考えにくい。逆に、学歴がないことや貧困な家庭で育ったことを武器にして味方を増やすこともできます。人間的に魅力のある人であれば、さらにその力は大きくなります。

だから、格差社会だ、ワーキングプアだと騒いでいる人たち、あるいは当人は、実際に貧困だというよりも、発想力が貧困なのではないでしょうか。

◉学歴や血筋の良さが必要なのは発想力のない人間

確かに、人によって「発想の格差」はあると思います。でもじつは、**発想が貧困な人にこそ、学歴や血筋や親の財産が必要なのです。**

「自分は、雇用されて、官庁や大企業など、大組織の中でないと生きていけないタイプだな。そこなら、高いパフォーマンスを発揮できる」と自己分析しているなら、高い学歴の取得を目指すのも1つの賢い戦略といえるでしょう。自分の発想が貧困であり、実行力に欠けるという自覚があるなら、誰かが思いついたことの手伝いをして、なにがしかの利益の配分を得ながら生きるという形が最適解になるでしょう。

一方、発想が豊かで実行力があれば、別に学歴や血筋の良さや親の財産は必要ありません。「自分は柔軟な発想を持っているから別に学歴なんかいらない」という考え方もあるわけです。

そうしたノリで大儲けしている人だってたくさんいます。世に名だたる企業の創業者はほとんど皆そうではないでしょうか？

たとえば堀江《ほりえ》貴文《たかふみ》さんだって、東大には入学しましたが、大学は途中でお辞めになっています。

彼のように合理的な考え方をする人で、しかも仕事とお金が大好きな努力家であれば、そもそも東大に通っていなくても同じようにビジネスを成功させることができたでしょう。

◉構造を壊すのではなく利用する工夫を

自分のことをワーキングプアだと思っている人がいたら、もっと工夫すべきだと思います。これこそ、真の努力のしがいのあるところなのです。

何かを人のせいにしているときには、まだまだ気づかないところに努力の余地があるものです。

もし、構造がおかしいと思ったら、その構造を利用して儲ける方法や、多くの人が得をして自分も得をできる方法を考える、という工夫ができるはずです。

社会に不満を持っている人は、橋下徹《はしもととおる》大阪市長のような既成の概念を壊すタイプの人が好きで、シンパシーを感じるようですね。こうした人というのは、自分が今満たされていないことを、社会や時代の構造のせいにしてしまう傾向が大きい。

本当は、自分にしか自分の周りにある壁を壊すことはできないのですが、それを億劫《おっくう》だと感じている。そして、誰かに壊してほしいという欲求があるために、橋下大阪市長のような人に夢を託してしまうのでしょう。

「自民党をぶっ壊す」と叫んだ小泉《こいずみ》純一郎《じゅんいちろう》元首相の人気が高かったのも、大きな要因はそこにあります。

もちろん彼らは、自分の立ち位置に必要なものに関しては、巧みに「ぶっ壊す」対象からは外しています。そして、壊したあとに何をつくるか、その構想については、残念ながらはっきりしたものは示されていないのです。

しかし、時代の構造を壊す必要がそもそもあるのかどうか。壊さなくても、現行のルールに沿って、それを利用することで工夫して稼ぐことは可能です。

起業家の例も面白いのですが、私がいつもすごいなと思うのは、お笑いタレントの人たちです。

彼らは芸人である限り、時代を揶揄《やゆ》はしますが、時代の何物をも、壊そうとはしません。それが自分を生かしているものであるということが、身にしみてわかっているからです。

自分を取り巻く空気の中に存在している暗黙のルールをいち早く摑み取り、それを言葉などによって転がすことで多くの人を楽しませ、不満を解消し、溜飲《りゅういん》を下げさせて、そこから利益を得るのです。

タモリさんや有吉弘行《ありよしひろいき》さんのように、時代を斬る感覚が鋭く、言葉の扱いが巧みな人であれば、大きな財産をつくることも可能です。

もちろん、誰にでもできるというわけではありませんが、現行の構造やルールを利用して稼げる人の例として、こういう人もいるのだということを覚えておくべきだと思います。

可能性を追求するかどうかは、あくまであなたの自由です。

いろいろなチャレンジを、バカにしたり笑ったりする人は当然出てくるものです。けれど、日本の政府や公的機関が、法的にあなたの挑戦を禁止するといったことはありません。日本は、普通の庶民が、いくらチャレンジしても許される国なのです。

現代は生きる力を奪う社会

それでも「格差がある」と思われている方にとっては、私の考えは受け入れられないかもしれません。しかし、私はむしろ、現代はリスクがない社会、ことごとくリスクを回避する方向で意思決定される社会なのではないかと考えています。

若い世代は、もはや恋愛をすることさえ面倒くさいのだそうですね。傷つき、つらい思いをするくらいなら、恋愛はしないほうがいいのだと。また、少子化は経済的な理由によるものだと多くの人が考えていますが、日本よりずっと貧しい国で出生率が高い事実をどうとらえるのでしょう?

日本人は幸せすぎて、子供をつくるどころか恋愛というリスクですら、もはや若者たちが取ろうとしなくなったということなのではないか? と私は疑っています。満たされすぎて、種としての生命力を失いつつある、とでもいうのか。

そういう意味では、やっぱり今は幸せな時代なのではないかなと思います。現代のような時代を目指して、先人たちはがんばってきたわけですよね。ご先祖様たちの理想の社会がつくれたともいえるわけです。

若くていくらでも挑戦の可能性のありそうな年齢の子が、のんびり、まったり、気楽に、傷つくことなく、そこそこの人生を生きていければいい、などと言うわけです。要するに、ギラギラしなくても、生き延びていくことが可能なのです。

江戸期の飢饉《ききん》の時代とか、戦国時代だったらこうはいきませんね。自分の代わりに誰かが死ぬとわかっていても、誰かを見殺しにするとか、時には直接命を奪ってでも、自分を優先して、ギラギラしつづけていなければ、生き延びていけなかったわけです。

だから、今は全然格差社会ではありません。みんなが幸せな、本当にいい時代です。いい時代だけれども、いい時代は裏を返してみると人のやる気を奪う時代。もしかしたら、生きようという意欲を奪ってしまう時代かもしれません。

格差社会とは思いませんが、「ストレスに恵まれない時代」とは言えるかもしれません。

生きるためには多少のストレスが必要

開成高校や灘高校のようなすごい進学校でもないかぎり、東大へ入学する人は、ほとんどが学校で1番、クラスで1番みたいな人たちです。しかし、東大に入ると、上には上がいる、1番にはなかなかなれないものなんだ、ということがわかったりする。時には、そのことを悲観する人がいます。

ようやく受験を乗り越えて、じゃあ次にやれる課題を、となったときに、もうその分野には自分よりもできる人たちがすでにいたり、自分よりできる同級生がやろうとしていたりということがある。だからといって、ほかのことをやろうにも、やる気が出ない。そこにはまり込んでしまうと、「自分の存在なんて意味がない」と持ち前の頭の回転の速さで結論づけてしまう。

昔から「すごいね」とちやほやされていると、悔しいという感情をうまく持つことができなくて、「なにを！」という気持ちを出してがんばれない人もいます。そして、世を儚《はかな》んで、自分なんか生きている価値がない……なんて思ってしまったりすることがあります。

もちろん、東大で1番になどなれなくたって、優秀な人であることにはまったく変わりありません。にもかかわらず、絶望感に打ちひしがれてしまう人がいるのです。最悪の場合には、自ら命を絶ってしまう人もいます。

一方で、みんなが殺到している分野ではなく、自分にしかできないことを知恵を絞ってどうにか見つけ出したら、と発想を転換したり、自分の見ている世界以外にも世界があるはずだという広い視野を持ってチャレンジする人もいます。そんなふうに前向きに考えるための、ほんの少しのきっかけさえあれば、命を失わないで済んだのにと思える人が何人もいました。今、思い返しても本当に残念なことです。

もともと頭の良い人たちですからなおさら、外から目的を与えてあげるということは難しい。

失敗を重ねて再起して成功を収めた人を引き合わせるとか、自身の才能をなんとか生かそうという生命力のようなものを喚起させるようなキューがあるとよかったのですが、それができなかったのです。

ストレスというのは、ありすぎても足がすくんでしまって、課題を遂行しようというモチベーションが削がれてしまうのですが、なさすぎてもやる気は起きません。これは「ヤーキーズ・ドッドソンの法則」といって、実験動物で見つかった現象ですが、人間にもあてはまります。

適切なストレスがかかることが、人の力を最大に引き出します。この法則からすれば、世を儚んでしまった彼らは、ストレスをモチベーションに変えることができなかったのです。

適切なレベルのストレスがかかっていなかったとも考えられます。ちょうどいいレベルのストレスというのは、やる気を出すために、生きるために必要なものなのです。

先日、ある若手の政治家にお会いしたとき、彼は「政治家ってウツにならないよね」と言っていました。人間としてウツにならないわけはないのですが、あまりにも忙しすぎて、プレッシャーがかかりすぎて、ウツになってるヒマがない、とおっしゃっていました。

確かにある程度大変なプレッシャーがかかっているほうが人間は元気でいられるな、と彼を見ていていつも思います。もしかしたら、幸せな日本に生きる今の若い人の多くは、そういう適切なストレスに恵まれていないのかもしれません。

生きることが大変だった時代のほうが、みんな生き生きと働き、子供を産み育てていたのかもしれません。

世代間格差利用論

格差といえば、世代間格差があると感じることはしばしばあります。社会人の平均年収はここ数年で下がっていますしね。

私は団塊ジュニアと呼ばれる世代で、子供のころは公害にさらされ、思春期は受験戦争に駆り立てられ、バブル崩壊後に就職活動をしなければならず、超氷河期で一番割を食った年代です。失われた世代・ロストジェネレーションなどといわれることもありますね。

しかし、もう少し大きなタイムスケール、人間の長い歴史の中で考えれば、私は非常に恵まれている部類に入るのではないか、とも思うのです。

私たちの世代は現実の戦争を経験してもいませんし、戦後の貧しかった日本も知らない。貧困だからといって明日食べるものがないという状況に慢性的に置かれることもない。努力して痩せるためにダイエット本がバカ売れするほどには、私たちは食べ物には恵まれています。家がなく路上で暮らさなければならない、ということもそうそうなく、教育もそれなりに受けられる。

そう考えると、これはかなりいいほうなんじゃないか？　と思うのです。さらにいえば、世代間格差は、いつの時代にもある程度は存在したでしょう。

また、高齢社会という現在の状況に合わせてうまくサービスを創出し、事業を大きくした人もいます。

たとえば、ジャパネットたかたの高田明《たかたあきら》さんです。

富裕層とはちょっと違いますが、比較的裕福な高齢者世代をターゲットとし、インターネットをほとんど使うことのない彼らのために、テレビを中心に広告を打ちます。そして、ネットと比較するとやや高めの価格設定で商品を提供する。

高齢者世代は得体の知れないネットから購入するよりずっと、テレビを通じた広告からの買い物に安心感を覚える。そこに商機があるわけです。

このような工夫は、高田さんにもともと経済的な基盤があったからとか、教育があったからとか、血筋がいいからとか、まったく関係がありません。

お金があったから工夫できた、ということはないのです。誰もが持っている、ちょっとした知恵の使い方がポイントなのです。

◉──「格差」を使ったペテンに騙されるな

知恵の格差、発想の格差というのは存在するかもしれませんが、巷でよく言われるように、経済的な格差が格差を生んでいる構造ではないのです。

親の年収が子供の学力差となって表れている、というデータは確かにあります。しかし、学力差が経済格差を生む構造はすでに破綻しています。ジニ係数が大きく上がっているわけではないという報告からも、格差というのは、**数字や言説のマジックによって幻灯のように映し出される実体のないものです。**

格差がある、という言葉で大衆を煽りたてる人が後を絶たないのは、大衆がそれに騙されやすいという性質を持つからです。選挙で得票数を伸ばしたい政治家、本を売らなければならない文化人はそれを巧みに利用することがあります。

そのこと自体を悪いとは思いませんし、大義のためには使わざるを得ないテクニックという場合もあるでしょう。しかし、騙されること、信じることには中毒的な快感が伴います。

考えること、知恵を使うことを放棄して、煽動する人たちの思うままに煽られ、搾取されている人が日本にこんなにいるのだなあと考えると、やっぱり気分はあまりよくありません。

私だって貧乏な庶民の家出身の、大衆のひとかけらであるわけですから。

格差のせいにしたい気持ちはわかりますが、格差のせいにしたら終わりです。

そういう気持ちが生まれるのは理解できます。そして、その気持ちが生まれたほうが、やっぱり心理的には楽になるんです。楽にはなりますけれど、格差のせいにすることで、自分がもっとできたかもしれない、本当はそこにあったかもしれない自分の可能性を、見失ってしまう。

心の安定を優先したためにチャンスを逃す可能性が高まってしまうのです。これは、とてももったいないことだと思います。

そもそも、私だってすごく儲かっているわけではありません。でも、時代のせいにしようとはあまり思いません。

時代のせいにしても無意味ですし、その判断は、将来の可能性を奪うという点で、無価値どころかマイナスの価値を持つからです。

第4章

才能の不都合な真実

あなたが報われないのは誰かのせい？

ところで、成功の総量はゼロサムなのかどうか？

もしそうだとしたら、誰かが努力して成功を手にしたとき、自分がその割を食うのではないか、という恐怖が生じますよね。

社会的地位や経済的な成果が成功の本質だとするなら、格差の存在が成功したという実感を裏打ちする根拠となりますから、誰かを踏み台にしなければその成功は得られないということになるでしょう。

しかし前章では、努力が報われないのは決して社会の構造のせいではない、今ある構造を壊すのではなく利用する工夫をすべきだと述べてきました。

では、報われないのは社会のせいではないとすると、何のせいなのか？

結局は自分に才能がないのではないか、あるいは傑出した才能を持つ者が成功を独り占めにしているのではないか、などと思ってしまうかもしれません。しかし、彼らは決してなにも考えていないわけではなく、本人なりに創意工夫をしているのです。

結果をどんどん出し、人生を謳歌《おうか》しているように見える彼らに対して、なんとなく妬《ねた》ましい気持ちになってしまう方もいることでしょう。

そんな存在が近くにいるとき、自分はどうして素質に恵まれていないのだろう、と嘆きたくなる気持ちになることもあるでしょう。

しかし、**「生まれ持った才能で活躍している人」を見て「ずるい」と感じてしまうとき、その人は自分が持っている才能には気づいていないのです。**

私はもともと貧乏な家庭で育ちましたので、お金持ちの家だったり、名家といわれる家庭に生まれた人をずるいなあと思ったことはあります。

もっと経済的に豊かな環境で育ったら、あるいはもっと文化的に豊かな環境で育つことができていたら、私はもっともっとたくさんの学びの機会を与えられ、勉強も貧乏に妨げられることなく存分にできただろうと思うからです。

また、身体が頑健であるということも大きな才能だと思います。私は片頭痛持ちで、低気圧が通りすぎるときには決まってひどい頭痛に悩まされ、時には起き上がることも困難なくらいにダメージを受けてしまうのですが、頭痛という概念すら理解できないという健康な人も世の中には存在します。彼らを見ると、やっぱり生まれつき健康な人は本当にうらやましいなあと思いますね。

本章では、この「ずるい」「うらやましい」という感情の本質について考えていきます。

なぜ東大生はやっかみの対象になるのか？

バレーボールの元全日本代表選手である、大林《おおばやし》素子《もとこ》さんは非常に背が高いですよね。これはそのまま、天与の才能です。加えて、高いアスリート能力を持っていらっしゃいますから、まさに天賦《てんぷ》の才、天才としか言いようがない。

私が何をどれだけがんばっても、彼女の才能に追いつくことができる日は、永遠にやってこないわけです。

ただ、身長という身体的な能力は、一目見てぱっとわかりますし、それをなんとかする方法はこの世に存在しませんので、「ああ、追いつけないな」と、すぐに納得できます。嫉妬《しっと》するまでもなく、ほかの道を探そうという迅速《じんそく》な意思決定ができるわけです。

しかし、頭の良さだとか、思考の処理速度の速さというのは直接目で見ることができません。測定するにしてもペーパーテストや脳のスキャン、面接、あるいは言動などから間接的に推測する以外に方法がありません。

だからもし、天才的に頭の良い人が周囲にいたとしても、「本当にそうなのか」「自分もできるんじゃないか」という発想が生じてしまうことになります。

すると、心の中では何が起こるかというと、できる（とされる）人に対して「オレだってできそうなのに、なんであいつだけ評価されるの？」という、不条理を感じる気持ちが生じます。あいつが得ている社会的報酬を自分も欲しい、と。

これは、学術的には、妬みと呼ばれている感情です。脳では痛みや矛盾を処理する領域である、前部帯状回《ぜんぶたいじょうかい》という部位が反応することがわかっています。

世間的に、東大生だとか、いわゆる頭が良い系統と評価されている人に、やや厳しい視線が向けられるというのは、そうした気持ちが働くからです。

これが、背の高さや筋肉のように、目で見てすぐ判別のつく資質と、どこが違うのかというと、**獲得可能性と親近性の差**であるという研究があります。

宇都宮大の澤田匡人《さわだまさと》准教授の研究ですが、自分にも手に入れられる可能性があるのに、手に入れられない。でも、自分の近くにいるあいつは手に入れている――。

この条件がそろうとき、妬みの感情はいっそう強くなるのです。

進化心理学で考える天才不遇論

少し人間世界のことを俯瞰《ふかん》して観察してみますと、「ずるい」という感情が生じるというのは、とても面白い現象です。

人間というのは、集団で生きることによって生き延び、子孫を殖やして発展してきた生物です。本来あまり単独行動をするようにはできていません。だから、もし突出して優秀な個体が集団の中に現れたならば、集団としては本質的には得なわけです。

しかし、集団に利益をもたらすと考えられる、突出して優秀な個体を、なぜか攻撃したくなる。そして、攻撃したくなる気持ちのユニットは、脳の中につくりつけられていて、ほとんどすべての個体に備わっているのです。

ということは、人間は何らかの理由により、１人だけ突出して優秀な個体を排除する必要があったのだろうと推測されます。

では、その理由とは何なのでしょう?

なぜ、優秀な個体を排除するために、ずるいという感情を引き起こすユニットが、人間に必要だったのでしょうか?

進化心理学で説明することができます。

１人だけ突出して優秀な個体というのは、逸脱した個体です。こうした個体がいるだけで、集団内に保持されていた協力構造は壊れてしまいます。だから、**協力構造を守る**

ために、逸脱した個体を排除する機能を、構成員が備えている必要があるのです。

……ちょっとわかりにくいでしょうか？

次項で、もう少し詳しく説明してみましょう。

傑出した才能は生存には不利

優秀な側に逸脱している人が、自分の集団の中にいる、と想像してみてください。

そういう人は、1人でも生きていけるほど能力に恵まれているために、集団の協力構造に、力を貸してくれなかったり、優秀性を買われて、ほかの全員がしなければならない義務を暗黙裡に免除されたりする可能性が高くなります。

すると、優秀な人だけが、みんなの協力構造に「タダ乗り」する状態が起きてしまうのです。

優秀な人なのだから「タダ乗り」くらい許してあげようよ、というやさしい人も、読者の中にはもちろんいらっしゃるでしょう。でもここでは個人の感情は捨てて、集団という単位で冷静に見ていく必要があります。

集団で協力し合わなければ生き延びていくことが難しいという条件の下、逸脱した個体のいる状態を吟味してみますと、その「タダ乗り」を許すことによって、集団には以下のような変化が生じます。

協力構造に「タダ乗り」している人が、集団のために払うコストはゼロです。そして、集団から得ている利益はプラスです。

一方、集団内の残りの人たちは、もちろん協力構造があることによってプラスの利益を得ていますが、払うコストはゼロではありません。

「タダ乗り」している人の利得から集団内の残りの人の利得を引き算すれば、タダ乗りしたほうが明らかに得。

すると、これまで協力し合っていた残りの人がみんな、次々に協力することをストップし、「タダ乗り」したがるようになるのです。そのほうが得だからです。

また、最後まで協力行動をやめない誠実な人が、一番損をするということになってしまいます。

どこかで見たような話だと思いませんか?

人間の社会では非常に頻繁に起こることです。

そして、こうなるともう、集団の協力構造は維持できません。

1人の逸脱した個体のために、構成員がすべて協力行動を拒否するようになり、集団内の協力は、あっけなく全員が非協力という状態にまで破壊されてしまいます。

それゆえに、逸脱者を排除する必要が出てくるのです。少なくとも、これまでの人類の歴史の中で、**逸脱者を排除したほうが有利に生き延びることができたので、現在の人間の脳は逸脱者に勝手に反応してしまうのだ、**と考えられています。

いかがでしょうか?

だから才能が傑出しているということは、個体にとってはプラスではなく、生存に関してマイナスになっているという見方もできます。排除しようという感情を、ほかの個体に惹起《じゃっき》させてしまうからです。

才能に恵まれた人は
集団の協力構造を破壊する!?

他の仲間たちよりもずば抜けた能力がある優秀な個体は、既存の協力構造の中でも有利な立ち位置を確保することができる（タダ乗りできる）。

しかし、徐々にほかの仲間たちもタダ乗りしたほうが楽だと気づきはじめる。そして、我先にと自分もタダ乗りしようとしてしまった結果、協力構造は壊れてしまう。一番割りを食うのは最後まで協力した人物。この場合、優秀な個体は加害者と言えるのか、あるいは被害者といえるのか?

妬みや、やっかみという感情で、いわゆる有名税と呼ばれるものもこれを指すと考えてよいでしょう。

だから生まれ持った才能で活躍していると思われている人は、妬み、やっかみとも戦わなければならないわけです。

結局、それで差し引きゼロと考えると、どちらが良いのかなあという問いに対しては、俄《にわ》かには答えを出しにくいのではないでしょうか。

◎世界一「報われない…」を感じる日本人

日本人の持っている脳は他国の人と比べて特徴的だということが、脳科学的な調査でわかっています。

第2章で説明したとおり、神経細胞間でやり取りされるセロトニンの量を調節するタンパク質・セロトニントランスポーターの量が少ないことに起因するのですが、日本人は、世界で最もセロトニントランスポーターが少ないのです。そのため、文化的にもそれが反映された社会が形成されると考えられます。

この脳を持っていると、勤勉で、自分が利益を得るよりも人に与えることを好み、真面目で誠実、危険を冒すよりも安定した生活を志向する、という性格傾向を持つようになります。

このような性格の人に出会ったとき、あなたはどう思うでしょう？

前項で記したような「妬み」や「やっかみ」とはほど遠い、とても素晴らしい人物と思う方が多いのではないでしょうか。

でも、彼らは誠実である一方で、不公平をとても感じやすいということが実験でわかっています。

心の底では「なんでオレだけこんな思いをしなければならないのだ？」というような、黒い感情が渦巻いているのです。しかし、真面目で誠実な人だから、それを表になかなか出せない。

「真面目にやっているのに報われない……」と、世界で一番感じやすいのが日本人なのです。

勤勉・誠実な人ほどドス黒い感情が…

この不公平を感じやすい脳の性質は、最後通牒《つうちょう》ゲームのときに際立ちます。最後通牒ゲームというのは、報酬を2人でどのように分配するかというゲームで、心理学の実験でよく使われます。

ルールは次のようなものです。

報酬を分けるときには、一方が分配の比率を決める決定権を持ちます。そして、もう一方が拒否権を持ちます。

決定権を持つほうは、一方的に分配の比率をどんな割合にでも設定することができるのですが、拒否権が行使されると、2人とも得られる金額は0円になってしまいます。

さて、決定権を持っているほうが、5：5、あるいは6：4にしましょうと提案すると、拒否率はそんなに高くはならないということがわかっています。拒否率はおよそ2割以下です。

しかし割合が７：３以上になってくると、拒否率がぐっと上がります。いくら不公平を感じたとしても、拒否権を持っているほうは、０円よりはいくらかもらうほうが得に決まっています。ですから、「まあいいですよ」と言って拒否権は行使しないというのが合理的な判断になります。

仮に９：１だったとしても、０よりは１もらえるのだから、拒否しない選択が得という計算になります。

しかし、このとき合理的な判断をせず、拒否する人が一定の割合で出てくるのです。

拒否権を発動する人というのは、どんな人だと思いますか？

たとえばレストランなどで自分の料理に髪の毛が入っていたりしたとき、大声で文句をつけられるような攻撃的な人というイメージがわかないでしょうか？

研究者たちもはじめは、拒否する人の性格傾向は攻撃的な人と考えていました。しかし、性格傾向を調べるためによく使われる「ＮＥＯ－ＰＩ－Ｒ」という検査の結果を見てみると、意外なことがわかったのです。**拒否率の高い人たちは、誠実性の高い人たちだったのです。**

それで、彼らの脳はどこが違っているのかを調べてみると、背側縫線核《はいそくほうせんかく》というところのセロトニントランスポーターの密度が低いことがわかったんです。

そう、日本人にとくに多いタイプの人です。

彼らは真面目にがんばっているのになぜか報われないという感じを持ちやすい、心理的にはしんどい人生を送る可能性が高い人たちといえるでしょう。

誠実であることを自らに課しているために不満がたまりやすいのか、成長を続けたいと願うあまり上ばかり見てしまうのか、どうしても誰かと比べてしまうことで不条理を感じてしまうようなのです。

みなさんの周りにも、そのように考えてしまう傾向の強い人がいますよね。

あるいは、あなた自身かもしれません。

でも、彼らの状況を冷静に観察してみると、じつはそれなりに恵まれている状況下にいたりするのですが……。

⦿――努力家は他人の才能を潰す

前項で紹介した、不条理を感じやすい誠実性の高い人につながる話です。

親しくしている経済評論家の女性とお話ししている中で得た結論なのですが、**もともとの能力が低く、しかし努力に努力を重ねてのし上がってきた、という人は他人の才能を見抜いて潰しにかかってくる傾向が強い**と思われます。

感情心理学の調査でもこのことは確認されていて、自分にもできたはずだ、あいつはオレと同じくらいの能力のはずなのになぜあいつだけが、という状況になるとき、つまり獲得可能性が高いとき、この感情は強くなります。

では、実際にどうやって才能を潰しにかかってくるかというと、まず相手のやる気を潰す。

ゴールを決めて、戦略を立てて、あとはやるだけというときに、「あなたのやろうとしていることには意味がない」「この道は間違っている、逆のことをやらなくては」「あなたにはそんなことは無理」などと言ってきます。

これまで観察してきた中では、やはりよく見られるのは心理攻撃です。

たとえば頭角を現してきた女性研究者に対して、「業績はすごいけど、子供は産んだの？」「仕事ができる女って、夫が逃げ出しそうじゃない？」などと言ってみたり。できる女性の前から逃げ出したいのは自分なのでしょう。これは投影という防衛機制の一種です。

努力してのし上がってきた割には自分に自信のないタイプの男性教授や、自分は社会的に不遇な中でここまでやってきた、でもまだまだできたはずだ、と不満が残っているタイプの女性教授に見られがちな傾向です。

本当はご自身が、その自信のなさや不満感を自分で上手に処理できていないのですから、カウンセリングに行くなどしたほうがいいのですが……。

また、ライバルの教授を教授選で落とすために、セクハラの噂を流したり、金銭問題や異性問題を捏造《ねつぞう》してばらまいたりする人もいます。すごく子供っぽいと思われるかもしれませんが、大学はまったく組織としては洗練されていないので、雑な攻撃でも奏功してしまいます。

人間の一番弱いところは人間関係です。日本のエリートはなるべく面倒なことに関わり合いたくないという人ばかりですから、ちょっと噂を流すだけでも効果はあります。

もちろん、大学に限った話ではありません。

人間のいるところなら、どこでも、他人の才能を潰して自分がのし上がりたい、という人は現れてくるものです。家庭内ですら、そういう問題が起こることがあります。

もっとえげつない攻撃としては、味方になるふりをして、相手の精神を徐々に破壊していく、という方法もあります。ですが、これは本当に気分の悪くなるような方法なので、ちょっと書くのをためらってしまいます……。

また、攻撃には性差があります。男性の場合は物理的な攻撃や、資金を断つなどの目に見える形のもので潰してくる傾向が高いのですが、女性の場合は人間関係で攻撃してくるということがいえるかもしれません。

もともとの志向性の違いもありますが、女性のほうがコミュニケーション能力が高いので、コミュニティに属していることを重視するのです。そのため、仲間外れにされることに恐れを抱く人が多くいます。最近では、そういう人は徐々に減っているかもしれませんが。

子供時代のいじめと同じです。大人になっても同様のことはたくさんありますね。

努力家の危険な一面といえるでしょう。

才能を潰されないために

他人の才能を潰そうとする人の衝動は制御できません。

本人でさえ、そういう自分を嫌だと思いつつも、衝動をコントロールできなくなっている可能性があります。だからできるだけ近づかないようにして、衝動を起こさせないことが大切です。自分はもちろん、相手のためにも大事なことです。

どうしても接触しなければならない場合には、「私なんか大したことないですよ」「結構つらいんですよ」という姿を見せることが1つの有効な手段です。

「いやあ、才能があると思われているかもしれませんが、じつは家がこんなに貧乏で……」とか、相手が安心できるような、つっこんでもらえるような弱点を見せるのです。

「今の旦那さんはたまたま良かったけれども、それまでは本当に男運がなくて……」などと適度に自己開示していくのも有効でしょう。女性であればわざと不美人に見える化粧やファッションをするのもいいでしょう。

アンダードッグ効果と言いますが、同情の余地のある何かを提示することで、相手は溜飲を下げて応援してくれるようになります。

ただし、見せた弱みを広められてしまうリスクもあるので、広まっても差し支えない話題を慎重に選ぶ必要はあります。

ＡＫＢ48の高橋みなみさんは、３００人近いＡＫＢ48グループを束ねる総監督という立場にいますね。大江戸温泉物語最高料理顧問で、元プリンスホテルの調理部長だった高階孝晴《たかしなたかはる》さんとの対談で、彼女は、こんなことを言っています。

「（メンバーに）親近感を持ってもらえるよう、不得意なことや失敗など、あえて自分の弱さを見せるようにしています。ライブのあとは、最初に〝あそこで失敗しちゃった！　ごめんね〟と白状したうえで、みんなに対して意見を言います。そのほうが、気持ちが伝わりやすいですからね」

これが、アンダードッグ効果の適切な応用です。高橋さんは若年ながら、ご自身の経験で、心理学上の発見と同じことを摑んで実践しているのです。

これに対して高階さんも、次のように返答しています。

「そう、リーダーは完璧じゃだめです。どれだけ料理の腕がすごくても、たとえばお酒がだめとか、恋愛がまったくだめとか（笑）、そういった〝隙〟が大事。周りに〝支えてあげなくては〟と思わせてこそ、真のリーダーですよ」

少子化の原因は嫉妬

日本人的な特徴を持っていることの1つのネガティブな側面の表れ、と考えることができると思うのですが、近年、公共の場における妊婦や子供への視線について、しばしばセンセーショナルに報道されることが増えましたよね。

「新幹線や飛行機に泣く子を乗せるな」とか、「ベビーカーで電車に乗るな」というようなことを言う人たちをテーマにしたニュースが、定期的に話題になります。

これらのニュースの裏側には、**「母親だからって特権階級のつもりかよ。周りに気を使えよ。こっちだって静かに過ごす権利があるんだよ」という、自らが不当に扱われていることに対する不満のような感情が見え隠れします。**

しかし、日本以外の国だと割と寛容だということもよく聞かれます。

たとえばイタリアだったとしますと、周りの反応はかなり違ってきます。赤ちゃんに対して「Oh~! Bambino, Bambino!」と頼みもしないのに寄って来たりあやしたり、お母さんの代わりに抱っこしちゃったり、なんていうことも起こります。

母親のことを、とくに特権階級などとは思っていないようです。とやかくニュースになってしまう日本での現象はとても特徴的です。

いっとき、堀江貴文さんのツイッターのつぶやきが「睡眠薬発言」として批判を浴びたことがありました。

泣いている子供に舌打ちした女性を咎《とが》めるつぶやきに対して、堀江さんが「舌打ちくらいいいんじゃないかと思ったりする」と反応し、アメリカでは子供を飛行機に乗せる際に睡眠薬を使うという事例を肯定的に紹介したところ、批判を招いて激論となってしまったのです。

確かに、子供に睡眠薬を服用させることについては、身体が小さいですし、発達段階にあるのですから、大人とは異なる身体だと思って慎重に考えなければなりません。

しかし、堀江さんが議論したかったのは医学的な問題ではなく、子供をどう扱うか、思いもよらない行動をとりがちな子供の振る舞いを、どうコントロールして社会との折り合いをつけるのか、という点でした。

医学的な問題の議論の陰に隠れてしまい、本質的な議論があまり膨らまなかったのはやや残念です。

堀江さんの提示した選択肢は、堀江さんらしい即効性のある合理的な対処法といえます。

もちろん、乳幼児に対する薬の使用は安易に行うべきではないと私も思いますが、確かに欧米の親御さんたちを見ていると、あまり躊躇《ちゅうちょ》することなく子供に睡眠薬を飲ませることがあるようです。

ただ彼らは、周りの人のことを考えてというよりも、自分の面倒を軽減したいという思いが強いのかもしれません。

長期的に見て危険だな、と思うのは、子供を持つことがまるで「ぜいたく」であるかのように語られることが年々増えているという点です。

日本で少子化が進むのは、経済的に厳しい状況のために子供を持てない、というのとはちょっと違う。なぜなら日本というのは、じつは格差がさほど大きいわけでもなく、戦乱の真っ只中というわけでもない。ＧＤＰに至っては世界でも有数の、経済的にはとても恵まれた、裕福で平和な国だからです。

むしろ、子供を持つことがまるで「ぜいたく」であるかのように言われ、赤ちゃんや妊婦やお母さんたちが「役に立たないもの」とされて、「役に立たないものは食うべからず！」と、そうした存在を排除する社会であることが原因なのではないでしょうか。

母親の持つ幸せそうなイメージからなのか、**「自己責任」**で**「望みどおり」**の人生を**送っているやつらにどうしてオレたち・私たちが譲ってやらなくてはならないのか、と**

いう不満が鬱積《うっせき》していて、それが「舌打ち」に代表される行動を裏打ちしているのです。

子供を持たない人々が、子供を持つ人々のことを「勝ち組」と思い、自分たちのことを「負け組」と感じている限り、これは続きます。

そして、子供を持つ人々を追い詰め、子供をこれから産む可能性のある人々の希望を奪ってしまいます。

こんなことが続いていては、少子化にますます拍車がかかってしまい、負のスパイラルが自然に止まる日は永遠にやってこないでしょう。

第5章

あなたの才能の見つけ方

◉木嶋佳苗が使ったカード（才能）

能力には遺伝的な差がある、というお話をしましたので、ご自分にはなんの才能もない、とお考えになる方が一定数いらっしゃると思います。

でも、人には誰にでも才能があります。

本章では、他人の才能をどのように受け入れ、そして自分の才能をいかに伸ばすべきか、つまり与えられたカードでいかに勝負していくべきかについて考えていきたいと思います。

さて、前章で触れましたが、身体的な才能は獲得可能性が低いので妬みの対象にはなりにくいとお話ししました。しかし、一般的にどうしても「ずるい」と感じさせてしまう資質として容姿があげられます。容姿の美醜も才能と考えることができますが、時として人間にとってはとても残酷な要素になります。

その点については、あえて語る必要はないでしょう。

ただ、テレビに出演している女性アナウンサーやタレントの女の子たちは、本当に私と同じ生き物だろうかと思ってしまうくらい、じつに美しくかわいらしい。しかし、激務の中、この「才能」を維持していくことはなかなか大変なことだろうとも思います。経年変化が起きることを自他ともに望ましくないと考える人は少なくないのでしょうし、年齢を重ねることに対する心理的な負担も大きいものでしょう。

そのため、この才能をうまく生かすということには、容貌の美しさ以外にも巧みなコミュニケーション能力や、生活を健康的に保つ自制心など、ほかの能力も同時に持っていることが必要になってきます。

語弊があるかもしれませんが、「この人は善い人そうだ」「悪い人そうだ」という判断は、見た目から得られる情報で決定されています。優秀な詐欺師は必ず、「絶対ウソをつかないだろうな」とか「信頼できるな」「安心感があるな」と感じさせる容姿をしています。

「美しい」というほうではありませんが、しばらく前に、首都圏連続不審死事件（木嶋《きじま》佳苗《かなえ》事件）という出来事があったのを覚えていますか？　彼女は「美人ではない」ということを、才能として使ったのです。

自分の容姿が他人にどう映るか、どういう心理の動きをもたらすかということを非常によく知っていて、それを利用し、戦略を立てて目的を達成していきました。

つまり、男性を安心させて、性的な快感と安らぎを与え、複数のパートナーから大きな経済的援助を引き出すことに成功したのです。

その結果、男性の命を奪うということが行われたのかどうか、その件については詳しくフォローしてはいないのですが、少なくとも経済的支援を得るという部分については、目的は達成されたのです。

私はやろうとは思いませんが、努力の仕方としては完璧といえるでしょう。

ネガティブな例ですし、この事件を真似ることはとても推奨できませんが、彼女の生き方は非常に示唆的です。

美しいからといってそのまま成功が約束されているわけでもなく、美しくないことがそのまま敗北を意味するわけでもない。

もし誰かをずるいと感じることがあったら、ずるいと思う感情に溺れる前に、今ある条件を使ってできることがいくらでもあるのです。

◉――アイドルより香川照之

木嶋佳苗事件は特殊すぎたかもしれませんので、もう少しわかりやすい例で容姿の才能について考えてみましょう。

バレエにおいて、キャラクターダンサーと呼ばれる人がいます。プリマ、プリンシパル、エトワールとは違って、いわゆる脇役、色物をやる人のことです。主役ではないけれども、舞台を盛り上げるにあたっては必要不可欠の人材です。

一番手になることだけを想定し、その評価軸のみによって自分のことも他人のことも評価した挙句、落ち込んでしまっている人をしばしば見かけます。

しかし、**自分の人生における評価軸の設定は完全に任意なのですから、自分が一番手に向いておらず、キャラクターダンサー的存在のほうが向いているなと思えば、その道を選んで生きていくのは、とても賢い方法でしょう。**

性格俳優と呼ばれる人もそうかもしれません。

二枚目やアイドル系の男性は、華やかな存在ですけれども、そのイメージのまま何十年も活躍を続けられるほど、タレントとしての寿命が長いかといわれるとそうでもない。長く生き残っていける人は、数えるほどです。

卓越した演技力があるとか、あるいは芸能プロダクションとの連携が非常に優れていてドラマに起用してもらいやすいとか、またはトークの才能が優れていてバラエティ番組に呼んでもらえる機会が多いというような場合に限られるでしょう。

私は俳優の香川照之《かがわてるゆき》さんがとても好きですが、彼は容姿だけが優れている二枚目俳優というタイプとは、一線を画しています。やはりあの演技力と存在感には圧倒されますし、ハッと目が引かれます。

香川さんのような俳優はずっと長く芸能界で活躍されていくのではないでしょうか。一視聴者の立場から申しますと、香川さんが出るだけで画面の重厚さが増すような感じがしますし、物語にもぐっとリアリティが出るように思います。

性格俳優として大活躍されている方でも、もしかしたら、二枚目俳優として出演している人を見て、時にはずるいと思うことがあるかもしれません。でも、すぐに新しい人が出てきて、人気が落ちてしまいかねないと不安に駆られている二枚目からしてみたら、性格俳優として自らの立場を築き、長く活躍していける人が、とてもうらやましく見えることでしょう。

単純に容姿という才能一本だけでやっていく人と、自分の適性をよく知って戦略を立て、行動していく人とでは、やはりずいぶん結果が変わってしまいます。

才能があるかないかというのは、自分が持っている適性を知って、自分の評価軸を確立できているかどうかということに尽きます。

その意味では、才能のない人というのはこの世に存在しません。ただ、自分に何ができるのかがわかっているかいないかの差だけがあるのです。

評価軸は臨機応変に変えるべき

もう少し、評価軸について考えてみましょう。

評価軸が1つしかないような世界、たとえば受験における偏差値教育は時に残酷なまでに人間に差を見せつけることがあります。しかし、何度も言いますが、評価軸など自分でいくらでも変えられるのです。

誤解を恐れず正直に申し上げますが、私は試験勉強で苦しんだという経験はあまりしていません。

楽勝というほどではありませんでしたが、楽しかった。やればやっただけの結果が必ず出る世界です。やった分だけ点数が上がりますし、昨日できなかったことが今日できる、というのは、じつに充実感があり、うれしいものです。

全国のみんなでハイスコアを競い合うゲームのような感じ、というとなんとなく伝わるでしょうか。

そういう意味では、受験というのは非常にわかりやすい世界です。評価軸は1つしかありませんし、何点取れば合格、というのもだいたいわかる。年によって問題の難易度も違うし、受ける層のレベルの上下もありますから、ある程度の揺れはありますが、ボーダーラインの点数は大学によってほぼ決まっています。

合格するには、満点を取らなくてもいい。ボーダーラインより少しでも上回る点数を取れれば十分なわけです。入試で明らかになるのは合否だけで、点数は通常、公表もされません。必要以上に高い点数を取ることには意味がないのです。

合格できなかったとしたら、ボーダーラインの分析が外れてしまったか、勉強時間（トレーニング）が足りなかったか、体調を崩したなどの理由で当日の得点力が落ちてしまったかのいずれかでしょう。

もちろん、暗記力や計算力は、人によってもともと差があります。そうした力の差は、ちょっとのがんばりでは埋めがたいものがある。これを、不平等だと感じる人はいるでしょう。

練習量が少しで済む人もいれば、3年間かけても厳しい、という人もいる。後者の場合は目的の設定が高すぎたということになります。

そのような状況のとき、どうすればいいでしょうか？

ここが、評価軸を変えるポイントになります。

もちろん、できるまで時間をかけるという方法もあります。

しかし、別のルートで目標を狙う方法も有効でしょう。これが評価軸を変える戦い方の1つです。

別の大学に入ってから、大学院で目標の大学へ行くというのも悪くない方法です。「学歴ロンダリング」なんて揶揄されますが、なかなか賢いやり方ではないでしょうか。

私は学費を安く上げたかったのと、エキセントリックな人たちの集まる場所が好きだったので最初から東大に行ってしまいましたが、最終学歴に東大という名前が欲しいだけなら、大学院修士の2年間だけ行く、あるいは博士課程にだけ行く、というのは理に適っていると思います。

大学に行ってやりたいことや、大学に行くことで自分が得たいと思う何かが定まっているのなら、それを手に入れるために、本当にその大学へ行くことが必要なのかをまずきちんと考えることです。

自分の到達度がそれほどでもなく、試験の準備に時間が長くかかりそうなど、**自分が目標に対してかけざるを得ないコストが非常に高かった場合は、別のコストが低いルートを考えるほうがよりスマートでしょう。**

まずは何のために大学に行きたいのかを考えることが大切です。

答えがはっきり出ない場合もあるかもしれませんが、少なくとも自分の気持ちに正直になれるまでは自分を見つめたほうがいい。目標を重視することで、効率的に物事を処理できるようになるからです。

たとえば、政治家になりたいとか研究者になりたいという目標が明確にあったとしたら、東大に行くよりも入試が簡単で、しかもみっちりと勉強させてもらえるアメリカの大学へ行き、学位を取って帰ってくるほうがはるかに有意義な場合もあります。

そういう自己分析も、広義の努力の内です。自分の習熟度が低く、記憶力も処理速度もさほど高くないために、人よりもずっと練習量が必要で、受験の準備が大変だ……というのは変えようがない。

不平等だと思うかもしれませんが、仕方がありません。その現実からスタートするしかないのです。

しかし、自分なりの評価軸でしっかり戦略を立てれば、必ず道は開けます。

◎短所＝才能？

自分なりの評価軸を持つことが、すなわち自分の才能を見つけ出すこと――。

前項でそのようにお伝えしましたが、もう少し具体的に才能を見つけ出す方法について考えてみましょう。

自分の才能を見つけるには、まずは「自分には才能がある」という前提から考えはじめなければなりません。

何度も申し上げているとおり、才能のない人は存在しません。

もしも、自分には才能がないと思ったら、自分を取り巻く環境と自分の持っている資質のどこが適合しないのか、考える機会を与えられたと思ってください。

どんなところがダメなのか、自分はどういうふうになりたいかをまずは書き出してみるのもいいでしょう。

私が誰かのご相談に乗るときも、まずは「自分の嫌なところを聞かせてください。そして、どんなふうになりたいかを教えてください」と聞いています。

自分の嫌いなところというのは、自分でも気づいている自分の資質です。資質ではなく、才能に置き換えてもいいかもしれません。なかなか受け入れられず、修正したいと思っているところでもあります。これは、気づいているというところがポイントで、いかようにもできるのです。

自分がすごく怠け者であることが嫌い。

もの覚えが悪いことが嫌い。

なかなか学習できずに同じ失敗をいつもしてしまうところが嫌い……。

いろいろな、嫌いなところがあるでしょう。直したければ直してもいいでしょう。修正することもある程度までは可能です。


しかし、もともと持っているそうした資質を、強みにすることもできます。

たとえば学習しないということは、何度怒られても失敗してもへこたれないという資質を持っていることと同値です。エジソンなんかはこういうタイプの人です。彼はものすごい数の失敗をして、「うまくいかない方法をたくさん見つけ出した」と誇ったそうです。つまり、学習しない素質のあった人なのでしょう。

怠け者であるということも、とても大事なことです。

勤勉な人であるほどうまくチームがつくれない。自分1人ですべて行ってしまう人を、周りの人は助けようとはしないからです。

しかし、できるだけ楽をしたいという怠け者がいたとしたら。その人は自分1人でやる代わりに、優秀な人を見つけようとします。結果、素晴らしいチームをつくれる可能性は広がっていきます。

ものが覚えられない、というのもすごく大事なことです。忘れる機能というのは、精神的な安定や運動学習の最適化に関して重要な役割を果たしているということが、最近の研究でも明らかになってきています。

適切に忘れられる才能というのは、嫌な出来事から早く立ち直れるという心の強さを持っているということにほかなりません。

◉他人のほうが才能を見抜きやすい

前項で述べましたが、自分を再評価する作業をていねいに、１つずつやっていくことは大切です。

すると、自分が持っている才能が何なのか、そして、自分の持っている資質で勝負できそうなことは何なのかが、少しずつ見えてくるでしょう。

そこから、どういう自分になりたいのかを考えていく。

「○○のようになりたいけれど、今の自分は××だから、目標にたどり着くまでに△△という戦略を立てよう」

こうするととても考えやすくなります。

そして続いては、さらに自分の才能を見つけるために、信頼できる友人なり家族なりに聞いていくという方法を取る必要があります。自分でも気づかいない自分の資質を指摘してもらうのです。

職場の信頼できる人でもいいし、よく行くバーのマスターでもいいし、自分のことをよく見ていて、忌憚《きたん》なく意見を言ってくれる人に聞いてみるのです。

そういうことを見抜いてくれる人を持つ、というのも才能の一部といえるでしょう。

メンターがいるとなお良いでしょう。師匠と呼ぶとちょっとおおげさかもしれませんが、こういう存在は一緒になって考えてくれます。

「医者になりたいって言ってるけど、本当は人を治すより、医学研究がしたいんだよね?」とか、「宇宙飛行士になりたいって言ってるけど、本当は宇宙に興味があるんじゃなくて、メディアで華々しく取り上げられる存在になりたいんだよね?」というようなことを見抜いてくれます。

自分で気づかないクセや良いところを指摘してくれる人を大事にすると、自分で見えない自分のことを、自分でもいつも気にかけていられるようになります。

また、自分の感情を一段高いところから見つめて制御できる、メタ認知という視点を持つ訓練にもなります。だから、自分の才能を見抜いてくれるような師匠は非常に大切です。

占い師など、スピリチュアル系のメンターを持つ人もたくさんいます。きちんと人柄や実績、周囲の人のことを調べて信頼できる人を選ぶのなら、基本的には良いことだろうと思います。もちろん、なにもかもを言うとおりにさせて、周囲と摩擦を起こし、経済的にも社会的にも破綻させる、という方向に持っていくようなへんてこな師匠ならば、即座に離れなければなりませんが。

◉偏差値教育不要論

才能について、もう少し考えてみましょう。

身体的な特徴以外に、才能というとどんなものを想像するでしょうか？
義務教育を受けてきた影響かもしれませんが、「英語の才能」とか「数学の才能」とか、あるいは「家庭科の才能」とか、いちいちカテゴライズして才能を判断してしまうところがありませんか？

たとえば、ＩＱには下位検査がたくさんあります。絵画完成、語彙、知識、計算能力、図形などそれぞれ別の能力と考えられています。そして、それぞれ別個に調べるためのテストが考案され、組み立てられています。

しかし、じつは1つだけ突出してできる人というのはあまりいません。もちろん、揺らぎはありますが、たいてい1つの下位検査ができればほかの試験もそれなりに高い点数になるということがわかっています。

この現象を説明するのに、「一般因子G」という要素が考えられています。よく巷で言われる、地頭の良さのようなものと考えていただければいいでしょう。

それでは、受験科目のことを考えてみましょう。自分のこと、また、周りの人を見てみて、どうでしょうか？　国語だけがすごく良くできて数学は赤点、という人はときどきはいるかもしれませんが、圧倒的多数ではありません。

大まかな傾向を見てみますと、やはり、国語ができる人は数学もそれなりにできていたり、英語もそこそこ点数が取れていたりします。そういう意味では、ある程度の指標になるかもしれません。

ただ、私個人としては、多重知能説や受験科目の分け方で才能をカテゴライズするというやり方にはすごく違和感があります。なぜなら、**科目の分け方というのはまったく現実に即していないからです。**

つまり、本当に現実社会で必要とされている能力というのは、稼ぐ（エサを取ってくる）能力とか、同種の個体と仲良くして情報をやり取りしながら上手に生き延びる能力とか、他人の顔色を窺《うかが》うことで自分の行動を決断できる能力とか、他人を言いくるめる能力とか、自分にないものを持っている人を使える能力とか、自分の怒りを抑える能力とか、嫌な気持ちになっても立ち直れる能力のことです。

しかし、こうした能力を現在の入試では測ることができませんし、受験勉強で鍛えることもできません。せめてバカロレア（26ページ参照）のような入試問題を課したらどうか、とも思いますが、適切に採点できる人が日本の大学には少なすぎるのかもしれません。

⦿茂木健一郎「予備校は潰れろ！」

以前、茂木健一郎《もぎけんいちろう》さんが偏差値教育を全否定していましたね。面白いなと思いながらニュースを読んでいました。以下のような記事です。

脳科学者の茂木健一郎氏が、Twitterで「偏差値教育」について持論を語り、大手予備校を名指しで非難した。

8日、茂木氏はTwitterで「っていうか、偏差値とか勝手に計算しやがっている、予備校って、社会に害悪しかもたらさない存在だから、マジでつぶそうぜ。ふざけやがって。」と突如投稿。さらに「お前らが勝手に計算している『偏差値』とかやらで、どれだけ多くの18歳が傷ついていると思っているんだ、このクソ野郎どもが」と続け、予備校への怒りを綴った。

――「ライブドアニュース」2014年3月9日

彼の意図するところは本人にちゃんと尋ねたわけではないので、推測で申し上げるのですが、茂木さん本人も入試をくぐり抜けてきた人ではありますから、こういうことをおっしゃるのは若い人たちに対する茂木さんなりのやさしさなんだろうと思います。

私は、受験勉強というのはハイスコア狙いゲームとしてはなかなかよくできているし、面白いとは思います。しかし、こんなゲームみたいなもので人間の格付けがされるようなことが行われたり、人生が決まってしまうというような現実はどうなのかなあ？　と正直、疑問に思うこともしばしばあります。

もちろん、基礎学力や教養としての数学や国語、英語の力を測定するということに一定の意味はあるでしょう。これらの基礎力はできればあったほうが、本人にとっても何かと便利なことも確かでしょう。それを、学習効率が良い若い時期に、安価で教えてもらえるのだから、勉強はしたほうが明らかにお得です。大人になると学習効率は落ちますし、1つのことを勉強しようと思うと高額な費用と時間がかかってしまうからです。

しかし、**基礎学力が身についたからといって、仲間とうまくやれるようになるわけではなく、稼げるスキルが身につくわけでもありません。**

学力と生き延びる能力にはあまり相関はないでしょう。

たとえば数学であれば、せいぜい、論理的な思考の訓練ができるというところがメリットですが、まあ、それぐらいしかないわけです。本当は、学校ではもっと、外交力とか、人生を豊かにする力とか、生き延びるための力を鍛えられるといいのになあというつも考えてしまいます。

◉──才能の壁にぶつかったらどうすればいいか？

壁にぶつかる、という事実は楽観的に割り切るのが最善策です。

壁というのは、自分の才能の形を示唆してくれる、望んでも得難いエビデンスだからです。その後の軌道修正や戦略の立案がやりやすくなりますし、そうして設定した目標にはそれまでよりずっとたどり着きやすくなるでしょう。

しかし、たとえすぐに、自分の才能がわからなくても、そんなに悲観することはありません。やりたいこと、つまり目標がリアルに見えているのであれば、いくつかの道標を設定し、そこにたどり着くということを繰り返しながら、目標に向かって進んでいけるはずです。

その目標がなかなか手の届きにくいものであったとしても、側道の奥のような場所にまた別の（あるいは、もっと素晴らしい）目標を見つけて、それに向かって進んでいけばいいのです。

これは成功例ですが、ブラジルのサッカーワールドカップに出場したACミランに所属している本田圭佑《ほんだけいすけ》選手は、小学校の卒業文集ですでにACミランの10番を背負うという目標を書いていたそうです。きっと本田選手にはその姿が見えていたんでしょう。自分が毎日練習しているサッカーが、ACミランの10番につながっているという実感があったと思います。

特殊な例と思うかもしれませんが、現在の姿が、子供のころに描いた将来の自分の姿に近くなっている人というのは意外と多いものです。私も卒業文集には「研究者になる」みたいなこと書いていました。

確かに、子供のころはわかりやすいものしか書けないので、現在の姿とピッタリ一緒ではない場合もありますよね。ACミランの10番だったらとても有名ですし、子供でもわかりますが、私が子供のころに思っていた研究者の世界と、大人になってから見た研究者の世界とはもちろんズレがありました。

ともあれ、やっぱり将来◯◯になりたいと思っていたからには、そういう嗜好《しこう》があったわけです。嗜好のまま生きていけば、その◯◯に歩いて近づいていくわけです。勝手に自分を引っ張ってくれるような強力な磁石のようなイメージです。

歩いていく力というのは、そこに歩いて行きたいと思ってなくても、勝手に足が向いちゃうみたいなものです。自分の足が向いてしまっている方向と、自分が本当に行きたい方向が合っている人はすごく幸せだと思います。

もちろん、才能の壁にぶち当たるというのは苦しいものです。が、しかしこれは**環境が自分に与えてくれたチャンスのときともいえます。**歯を食いしばってその壁を乗り越えればもっと新しい世界が広がるということですから。

ただし、場合によっては、限界にぶつかったのにそれ以上やることに意味があるのかと疑問を持つようなシーンもあります。

世界は必要としてないのに、限界を乗り越えてオーバースペックな半導体をつくりつづけてしまうとか、減反政策をしているのに収量の多い米をつくるという努力はやっぱり努力中毒の1つの現れではないかとも思えます。そういうことを人間はしてしまいがちであるということを考慮すると、努力なんかしないほうがいいのではないか……という結論を出したくなります。

しかし、目標と戦略の設定が正しく、かつ壁にぶつかってしまった場合、もっともっと先に行きたい、そしてそのことに意味があると思う場合は、**この壁は、天があなただけに与えてくれたヒントです。**きっと本田選手も、そのように考えて練習してきたに違いありません。

壁にぶつかることは誰にでもあります。しかし、そのことで、自分には才能がない、と結論づけてしまう人は愚かです。

自分が「宝」と呼んでもいいほどのポテンシャルを持っていることに気づいていない

のです。

生きているからには、生きるにふさわしい才能が必ずあります。生きている、ということがそのまま、数億年にわたるこれまでの生物の歴史を「生き抜いてきた」「勝った」という証拠なのだと考えを改めるべきです。

もし自分には才能がないと思い込んでいる人がいたとしたら、本書をもう一度熟読して、目からうろこを落としてほしいと思います。

第6章

意志力は夢を叶える原動力

才能を開花させるために大切な意志力

自分なりの才能、評価軸を見つけ、戦略を立案できたとして、目的に向かって実行していくときに、どうしても面倒くさい、怠けたい、と思ってしまうこともあるでしょう。

そんなときにどうすればいいでしょうか？

本章では、そうした気持ちに抗《あらが》うために必要な「意志力」について考えていきましょう。

少年漫画のテンプレみたいなセリフに「あいつには努力する才能がある」というフレーズがあります。

要するに素質がある、ない以前の問題で、夢のために時間を犠牲にし、苦痛に耐え、目先の誘惑や利益に惑わされず、汗を流しつづけることを厭《いと》わない姿を賛美した言葉です（人間は本当に努力をしている人の姿が好きですね。人気商売の方は、努力している姿勢をふりだけでも見せることが大衆の人気を博するためには有効だということが、このことからも推測できます）。

しかし、このセリフは事実の半分しか伝えていません。素質がないのに努力するのは端的に言って愚かな行為です。

ただ、「努力する才能」を、「自分にどんな適性があり、何ができるかを見抜いたうえでの努力」と定義すれば、これは真実といえます。

つまり、ポテンシャルがあって努力する人と、ポテンシャルがあるのに努力しない人を比較すれば、「努力する才能」というのはじつに大きな意味のあるものになります。

その２人の違いは意志力の違いになります。

意志力とは、目的や目標のためにタスクを地道にこなす、あるいはそのために自制したり我慢する力のことです。狭義の努力ではなく、戦略に基づいた努力をするには必要不可欠な要素です。

意志力を持っているのは人間だけです。

たとえば、サルに「3年後に試験があるからこのタスクを毎日やっておいて」と教育するのは不可能です。3年先を考えて物事を組み立てることは彼らにはできません。せいぜい、合図が出たら数分後にジュースが出てくるから、あんまり騒がず待とう、くらいのことが可能という程度です。

数カ月先、数年先のことを考え、スケジュール表をつくり、必要なタスクをこなしていこうというのは人間にしかできないのです。

数カ月先、数年先を見越して自分は今痩せなきゃいけないから甘いものを食べないでおこうとか、友達と飲みに行きたいけど、今はがんばって取材のために勉強しておこうとか、そうした意志力が努力の源になります。

意志力の強さを決める脳の機能とは?

意志力の強さ、弱さというのはどこで決まるのでしょうか?

夢を叶えるために大切な前頭前野の機能

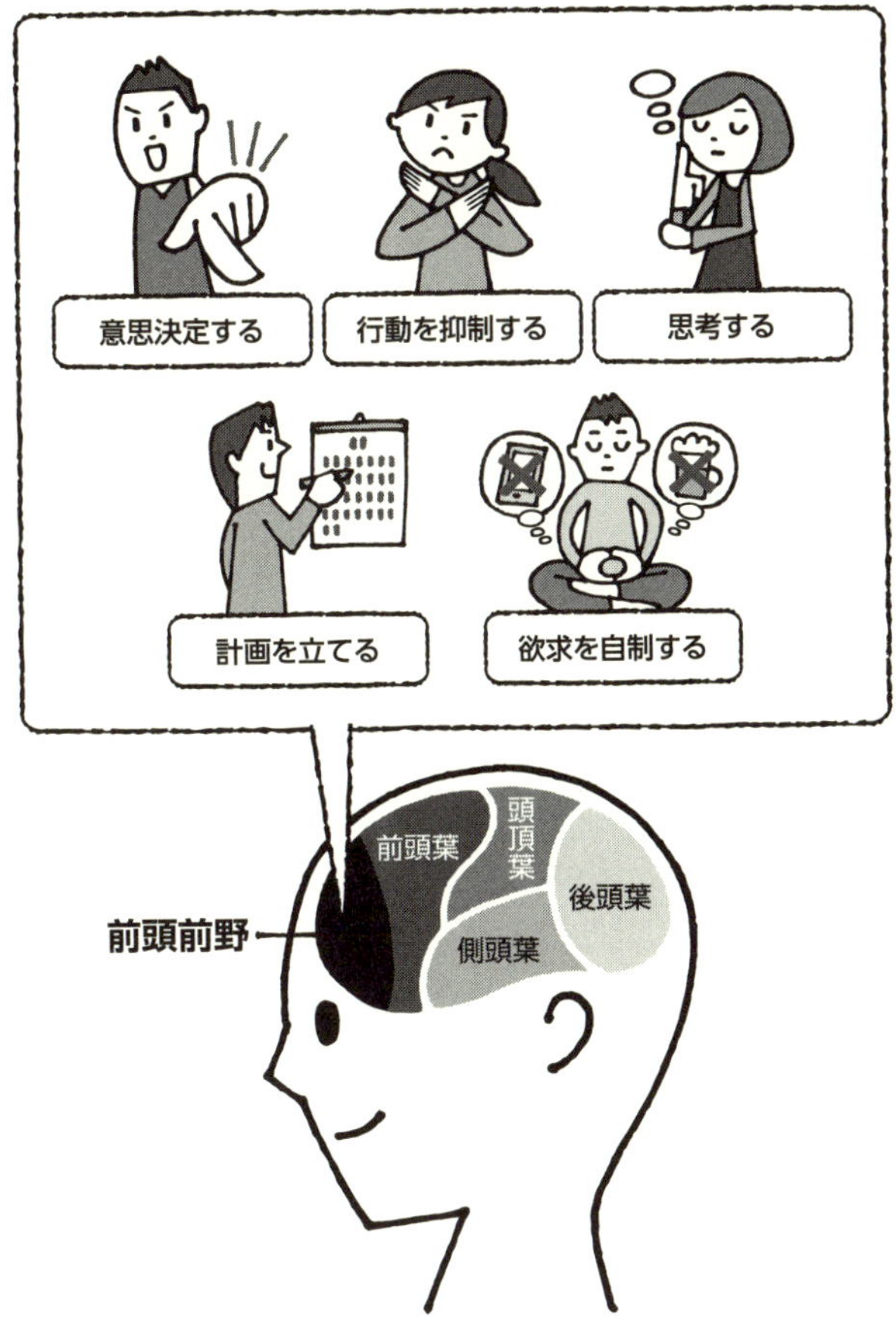

意志力の強い人と弱い人の差というのは、「ヒトという生き物はそもそも意志が弱い」ということを知っているか知らないかという差です。自分の行動を観察する能力、そしてブレーキを掛ける能力になるので、前頭前皮質の機能が高いか低いかという違いになってきます。

ほかの霊長類ですと、この機能はヒトよりももっと弱い。

進化の系統樹をたどると、霊長類の祖先から分岐して、ヒトに枝分かれしていきますよね。ヒトのところも枝分かれを何度かしているわけですけど、結局残ったのが現生人類、ホモ・サピエンスです。ホモ・ハビリスやホモ・ネアンデルターレンシスなどは滅んでしまったとされています（現生人類と混血しているという人もいますが）。

それらの化石を見ていくと、前頭葉の容量がわかります。

脳の全体の大きさとしては、ホモ・ネアンデルターレンシスのほうが大きいのですが、前頭葉については現生人類のほうが大きい。この前頭葉の大きさが、ホモ・サピエンスの特徴です。

計画性、自制心、来週締め切りだからがんばって今は仕事をしよう、原稿を書こう、などという意思決定ができるのは、前頭葉の機能のおかげです。

しかし現生人類の中でも前頭葉の機能の強さ弱さにバリエーションがあり、それは前頭前野の厚さの違いにあります。

◉母乳が子供を天才にする!?

もちろん、前頭前野の厚さには個人差があります。では、その個人差は何がきっかけで生まれてしまうのでしょうか?

大ざっぱに言うと、半分は遺伝で決まります。ですが、そのあとの半分はじつは生まれたあとにも変わっていく可能性があります。

ということは、**環境要因は無視できないほど子供の前頭前野の機能に影響している、**といってもいいでしょう。

たとえば、母乳を与えてもらったかどうかもその1つです。別にお母さんの母乳でなくてもよいのですが、ヒトの母乳の中には前頭前皮質を厚くする(機能を高める)成分が含まれているからです。実際に、ある遺伝子多型を持っていると、母乳を与えて育てられたかどうかで、ＩＱが最大で12ポイント程度上昇するという研究データも報告されています。

細かい話になりますけれども、１つの神経細胞から次の神経細胞にシグナルが伝わっていくことを神経伝達といって、脳の中で起きているこの過程が、感覚やら思考やらという認知の基本にあるわけです。

脳の中の神経細胞同士の間に、信号を伝えていく線というのは、神経細胞から伸びている細い細い脚のようなもので、軸索と呼ばれますが、人間が生まれてすぐのときは、いわば「裸電線」状態にあります。要するに、被覆がないのです。

しかし成長していくと、少しずつ被覆ができていきます。このことを、髄鞘化《ずいしょうか》といいます。鞘《さや》ができるんですね。この鞘は、ミエリンという成分でできているのでミエリン化ともいいます。

ミエリンの材料となる成分が、母乳の中に入っているといわれていて、先ほどご紹介した例とまた別の調査によれば、母乳を長い間与えられていた子ほどＩＱが高いというデータもあります。

ただ、人工乳で育つ子のほうが優位になる能力もあります。それは、タスクの処理速度の速さです。どういう成分が寄与しているのか、メカニズムはどうなっているのかということについてはまだよくわかっていないのですが、計算や意思決定の速さに効いてくる能力が上がります。

私は、闇雲に母乳を礼賛するつもりはなく、どちらが良いのかは好みの問題で、どちらにも一定のメリットがあるのです。

◉脳のスピードを各駅停車から特急列車へ

神経細胞の軸索がミエリン化されていくと何が変わっていくのかというと、裸電線状態であったときよりも情報の伝達速度が速くなるのです。

跳躍伝導《ちょうやくでんどう》という現象です。各駅停車で伝わっていた信号が、途中の駅をすっ飛ばして（跳躍して）、特急列車のように伝えられる現象、といえばわかりやすいでしょうか。つまり、各停から特急への変身が、ミエリン化ということになるでしょう。

跳躍伝導が起こるようになると、回路が速く活動できるようになり、結果としてその部分の機能は高くなります。

子供のころはなかなか我慢できなかったことが大人になると我慢できるようになる、子供のころは計算できなかったことが計算できるようになる、というような変化が起こっていきます。

もちろん、教育も忘れることはできない要素です。

いずれも意志力の大切な要素になりますが、**自制心を鍛えるためのトレーニング、相手の気持ちを忖度《そんたく》できる力を伸ばすための遊び、目先の利益を捨てて将来のより大きな利益を選択できる力を鍛える練習などが子供の一生を豊かなものにする教育といえるでしょう。**将棋や囲碁などは適している遊びだと思います。

これらは、前頭前野の機能です。子供のころはなかなか人の気持ちがわからなかったのに大人になるとわかるようになったり、先々の計画が立てられるようになったりできるようになるでしょう。

しかし、前頭前野が発達してこないとなかなか適切に機能しません。

頭の回転を早くする
神経細胞のミエリン（髄鞘）化の仕組み

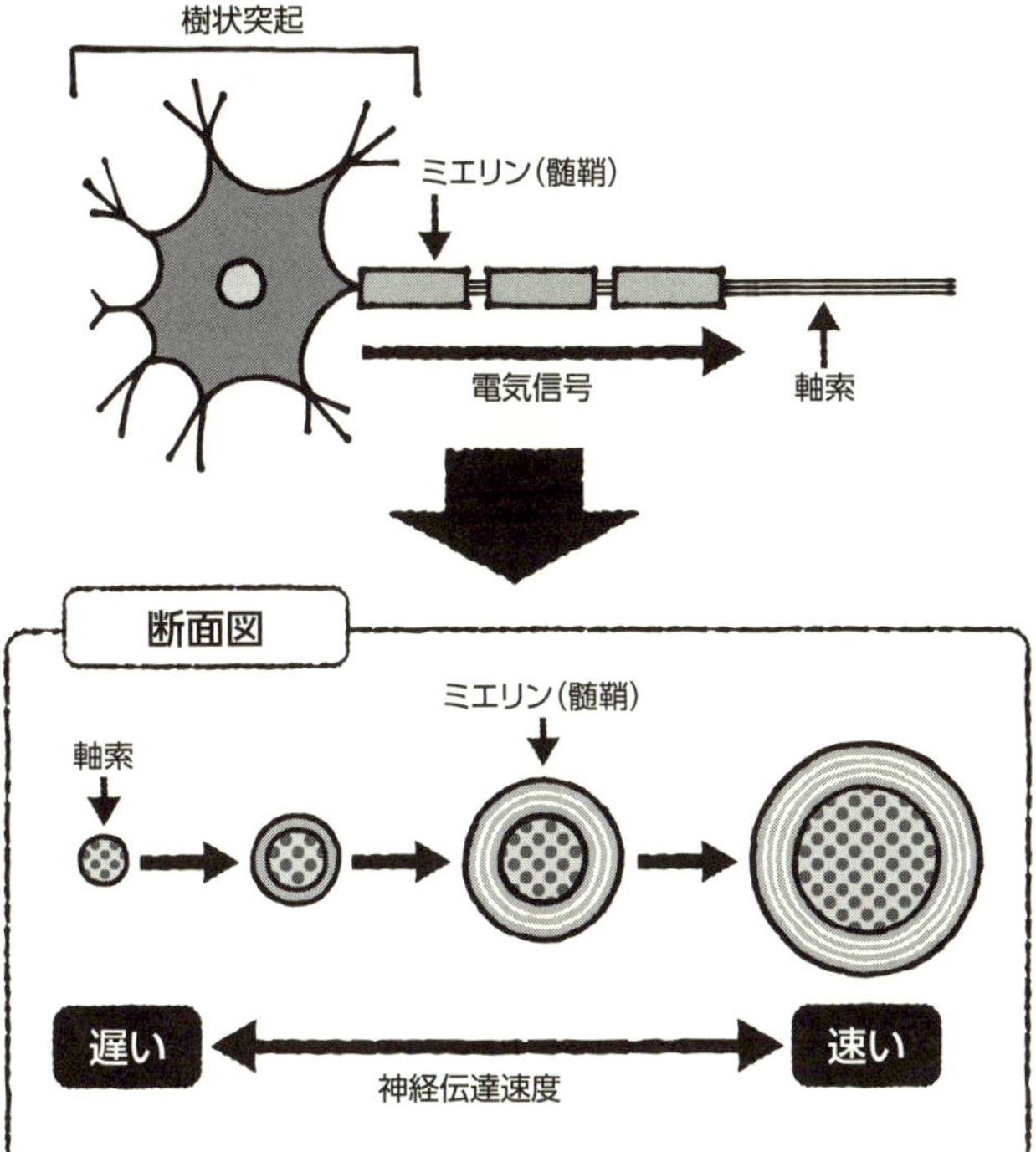

言うなれば、軸索は「電線」、ミエリン（髄鞘）は「絶縁体」。むき出しの電線と絶縁体でカバーした電線を比べれば、漏電などの怖れがない後者のほうが、より効率的に電力を供給できるのがわかるだろう。それと同じ理屈で、ミエリン（髄鞘）化することが情報の伝達速度を上げることにつながっている。

ミエリン化がようやく完成してくるのは、20歳を超えてからという論文もあります。それまではしっかり食べ、よく眠り、よく遊んで学んで、刺激をたくさん脳に与えることで、脳を飛躍的に成長させていくことができる時期ですから、絶好のチャンスです。

前頭前野が薄い人についてのネガティブな見解

前頭前野の厚さには個人差があると書きましたが、前頭前野が発達した方がいる一方で、薄いまま大人になる方がいるのも事実です。ここで、誠実であろうとすれば、ちょっとネガティブなことを書かなければなりません。

じつは、虐待を受けると前頭前野の発達が妨げられ、薄いままになってしまうことがあります。**子供のころは愛情をたっぷり与えてあげないといけないというのは、愛情が脳にとっての栄養のようなものだからです。**

科学的な実験から得られた知見を、まわりくどくないようにとても簡略化してお伝えしようとすると、なぜか古くから多くの人に語られてきた道徳観や倫理観などと合致していくというのは、とても興味深い現象だと思います。

子供のころに虐待を受けて、前頭前皮質が肥厚《ひこう》するのが妨げられてしまうと、大人が交通事故などで脳に損傷を受けたくらいのダメージがあるといわれています。虐待というのは、子供の脳をも傷つけてしまう行為なのです。

傷に負けずに育つ子もいますが、自分も虐待を繰り返すようになってしまう人が見られるというのは、本当に悲しいことです。虐待された経験がある子が大人になったとき、自分も子供を虐待してしまうという連鎖が起こるのはしばしば指摘されるところです。

自分が虐待されたという記憶が虐待の連鎖を誘発するという分析ももちろん一理あるのですが、脳に受けてしまった傷がうまく癒えずに、虐待行為を抑えることができなくなってしまう、というモデルが考えられています。

誰かにダメージを与えずにはいられない、という衝動が起きたとき、この感情を自分で客観的に見つめなおしてブレーキを掛けるという機能は前頭前野が担っています。しかし、傷のせいでうまくブレーキを掛けることができない、自制心が阻害されるということが起こるのです。

本当に悲しい、不幸な連鎖です。

前頭前野を大人になってから鍛える

じゃあ、前頭前野が薄い人はどうすればいいの？

今から厚くできるの？

当然、そう思いますよね

簡単なことではありません。

ですが、大人になってからも海馬や前頭前皮質では神経細胞が新しく生まれているということが、15年ほど前に明らかになりました。

大人になってからも神経新生の起きるこれらの部位では、意図的に鍛えようとすることがもしかしたら可能かもしれません。ただ、新しく生まれた神経細胞というのは、回路に組み込まれないと不要なものとみなされ、刈り込まれて死んでしまいます。

ですので、しっかり前頭前野を使っていく、ということが重要なポイントになるでしょう。

ただ、子供のころのように、爆発的な脳の成長が起こる時期とは異なりますので、時間はかかるでしょう。

前頭前野を鍛えるための良い方法の1つと言われているのが、「Nバック課題」というものです。Nは自然数を表すNのことです。

Nバック課題というのは具体的にどういうものかというと、被験者の前に、数字を一秒おきにどんどん出していくのです。

たとえばそれが、

3・5・2・3・4・2　……①

という並びだったとしましょう。

この数列が提示され、「ある条件」を満たしたらボタンを押してくださいと指示されます。「ある条件」というのは、N個前に出た数字と同じ数字が出てきたらボタンを押す、というものです。

たとえばN＝3のときは3《スリー》バック課題となります。

このとき、①の数列が提示されていたら、3つ前に同じ数字がでている3回目の3のときに、ボタンを押すのです。

3バック課題では、同時に3つの数字を覚えておかないといけないわけですね。それが1秒おきに変わっていきますから、1秒おきに、脳の中にある数列を書き換えていくことになるのです。

慣れてしまうと結構退屈なタスクですね。

でもこれが、脳の中にある、数字を短期的に貯蔵しておく部分のメモリーの保持力とか、ボタンをお手つきで押さない自制心を鍛えることができる方法だと、現在、認知科学の研究者たちの間では考えられています。

日常の生活の中では、その日にやらなければならないタスクをメモせずに覚えておくとか、あるいはマルチタスクを並行してやるなどのトレーニングができそうですね。

料理しながら、洗濯して、掃除もして、子供の相手もして、とか、結構家庭の主婦は意外と毎日のことをしっかり意識的にこなしていくことで脳トレにもなっているのかなと思います。

とにかく、**普段の生活の中で、なるべく頭を使うようなことを心がけていく。それか**

ら、目先の利益を捨てることになっても、将来的な大きなプラスを得られるような選択肢を選ぶことができる能力をつけるトレーニングをすることです。

やってみるとなかなか大変ですが、とても大切な訓練で、現実的に効果が出やすいものです。

もう少しあとで説明するマシュマロ実験のところで詳しくお話ししますが、これがきちんとできれば、長期的には貯金額が増えていったり、年収が上がったりすることが期待できますよ。

◉——ミラーニューロンを使えば理想の人間に近づける

しかし、なかなか自分1人では、目先の利益を捨ててまで将来的なプラスを取る、という選択肢を選ぶようなトレーニングはしにくいものです。人間というのは、目先の利益に逆らう力がとても弱いからです。

この弱さをなんとか克服するには、意志力を持って将来的な利益を得るために計画的に行動できている人を見つけ、なるべく近くで思考を学ばせてもらうことが有効なトレーニング法になります。

その人の脳をコピーするようなつもりで行動するのです。

どうしてこれが有効なのでしょうか？

人間の脳には、ミラーニューロンがあるといわれていて、まさに他者の思考や感覚、つまり認知をコピーすることができるからなのです。

ミラーニューロンは、自分が行動しなくても他人の行動をコピーして同じような感覚を得ることができるニューロンのことをいいます。サルで見つかったものですが、人間にもあるといわれています。

誰かがおいしそうなラーメンを食べていると、自分もおいしいラーメンを食べているときのことを思い出して、食欲がわいたりするでしょう。また、誰かが気持ちよさそうに温泉に入っているシーンがテレビに映ると、自分も温泉に入ったときのことを思い出して、リラックスした気分になることがあるでしょう。

これは、自分で経験しなくても、ほかの人の経験を見てコピーできるというミラーニューロンの働きによる現象と考えられています。

◉自分の脳の回路を変える手っ取り早い方法

ミラーニューロンの働きに通じる話ですが、小説を読むと脳が変わるという実験があります。

アメリカの大学の研究で、たとえば泳いでいる人の描写を読むと、脳が実際に、自分が泳いでいるかのような反応をするというのです。そして、その効果は長く続き、あまり泳げないような人でも、イメージトレーニングのごとく、脳に泳いでいるような感じがする回路ができるのです。ちょっと面白いでしょう。

だから、本というのは手軽に多くの経験が楽しめる、とても便利な装置なのです。**実際に会うことは難しかったり、歴史上の人物だったりして会うことができないような人の思考も、自分の中に、その人物の思考回路をつくることができるのです。**

「ああ、松下幸《まつしたこう》之助《のすけ》さんという人は、こういうふうに考えていたんだな」など、誰かお目当ての人の考え方を、写し取ることができるのです。

「なんとかセミナー」のような会に参加するよりずっと安いし時間もかかりません。本

1冊は、さして高額なわけではありませんし、図書館を利用して無料で読んでも、その効果はまったく変わらないのです。

小説などの本に限らず映画やアニメーションでも同じことです。要は、脳内で追体験することができるかどうかです。

「虐待を止められない」という行動様式の回路だけしかなかった脳であっても、「人にやさしくするというのはこういうことなんだ」「虐待するかわりに、こういうふうに接するといいんだ」と学ぶことができる。

そのようにして、自分の脳の回路を変えていくことは可能です。

手っ取り早く自分を変えたいと思ったら、理想とする人物の振る舞いを、徹底的に細部にいたるまで真似していくというのが一番の近道です。

以上のような、ほかの人の振る舞いの回路をコピーして自分に築くことができるというのは、人間でとくに発達している能力だといえるでしょう。

◉意志力の差＝年収の差

意志力の強さが、いかに将来において大きな利益をもたらしてくれるのか、それを証明した「マシュマロ実験」と呼ばれるものがあります。

4歳時点ですでに差がついていて、その差は中年になるまで人生に影響を及ぼしている、という有名な実験です。

この実験ではまず、被験者として呼ばれた4歳の子を、お菓子を用意した実験室に招きます。このときマシュマロが使われたので、マシュマロ実験といわれています。

そのうえで、「お姉ちゃんはちょっと用事があるから15分待っててね。15分後に帰ってきてまだお菓子がそのまんま残っていたら、もう一皿あげる」などと言って、実験者は部屋を出ていき、子供を1人にします。

すると、約7割の子供は待ちきれずにお菓子を食べてしまいます。しかし、残りの約3割の子供は、食べないで取っておくのです。

食べずに我慢した3割の子は、机の下にお菓子を隠したり、見ないようにしたりなど、子供なりに食べたいという衝動が起きないよう工夫をしたのです。つまり、15分待てば2皿もらえる、ゲインが倍になるということを計算して、自制心を駆使することができているわけです。

そしてその子たちの14年後、18歳時点で、日本でいうセンター試験みたいなアメリカの入試テスト「ＳＡＴ」の成績を見ると、**なんと我慢できた子と我慢できなかった子の得点差は平均で２１０ポイントもあったという結果になりました。**

我慢できて、自制心を発揮した子のほうが、圧倒的に成績が良かったのです。

さらに驚くべきことに、40年後の44歳の時点での追跡調査もなされていて、**年収と社会的ステータスを比べると、やはり我慢できた子のほうが高かったのです。**

我慢できたり、計画を立てて行動したりということが得意な個体のほうが、より利得の高い人生を送ることができる、すなわち生存に比較的有利であるということがこの実験で証明されたわけです。

◉意志力が弱くても、悲観してはいけない

しかし、認知科学や行動科学における結果というのはほとんどが、統計的に有意かどうかということですから、必ずしも遺伝的な素質が恵まれていなかったとしても、意志力が発達し、年収が高くなる子もいるということになります。サイエンスのデータを参照するときには、あくまでもそういう傾向、という観点から読み解いていく必要があるのです。

ただ、意志力が強く、将来的なことまで考えて選択していける個体が利得を大きくするのに一方的に有利であれば、数世代も経てばそういう個体ばっかりになっていくはずですが、現実を見てみるとどうも違う。

これは、**意志力がなくて、将来の利得を犠牲にしても素早く行動できるほうが、生き残っていくためには有利に働く場面もあるということを示しています。**

たとえば、生物にとって非常に大切な子孫を残すという点からは、自制心があまり働

きすぎないほうが有利といえるかもしれません。

「経済的に大変だから子供をつくらないでおこう」と考える人々のグループよりも、「経済的に大変でもこの人と子供をつくりたい」、あるいは単に「子供ができてもいいからとにかくセックスしたい！」というグループのほうが、次世代以降の子供の数が多くなるということは明らかです。

だから、**意志力が低いということだけで悲観する必要はありません。**

生存と生殖に有利な性質を持っているかどうかと、社会経済的ステータスが高いことはあまり相関がないのでしょう。

今、あなたがこの世に生き残っているということには、非常に重い意味があります。

現在の世界の姿というのは、誰が操作したわけでもなく、46億年かけて地球が行ってきた、実験の結果です。

つまり、あなたは46億年の進化の勝利者であって、あなたが持っている性質が生存に有利だった、という事実を端的に示していることにほかなりません。

生き延びる才能があったからこそ、今、あなたは生存競争における勝負の結果として、先祖たちの選択の結晶として、ここに生きているのです。つまり、生きているということそのものが、才能を持っているという事実の証明にほかなりません。

きっとこの先も、**あなたの性質を受け継いだ子孫は、有利に生き延びていくことができる確率が高いといえるでしょう。**

今あなたが持っている能力にまったく悲観する必要はなく、自信を持って生き延び、自信を持って子孫を残し、次世代に貢献していただきたいと思います。

エピローグ

努力をしない努力をしよう！

他人の才能を使いこなす

ここまで、「努力は本当に報われるのか？」という素朴な疑問からはじまり、その真偽、努力の危険性と正しい努力の方法、夢を叶えるための才能の伸ばし方などについて、検討してきました。

しかし、究極的に言ってしまえば、私は「できるだけ努力をしないで生きよう」という考え方が、最も大事なことではないかと思っています。

たとえば、自分ができること、できないことを理解するのと同時に、自分の周りにいる人の適性を観察して、自分ができないことをお願いする。これが、人間がここまで生き延び、繁栄することができた要因として、最も重要な戦略です。

もちろん自分ができること、できないことを正確に把握する必要があるし、他人の得意なものを見抜く眼を養うという、広義の努力は必要になります。

しかし、こうして培われた能力は決して無駄になりません。

また、他人の才能を見抜く眼を養うのと同時に、人に気持ちよくお願いをやってもらえるトレーニングもしたほうがよいでしょう。

自分でやったほうが早いし安いし、クオリティもそれなりのものが保証されるのであれば、周囲の人の能力を見抜く眼などは必要ありませんが、多くの場合には、自分でやると明らかに時間もかかり、クオリティもさほど高くなく、よりコストもかかるでしょう。

「自分でやったほうが早い」と、やってしまうことのもう1つのデメリットは、人が育たないということです。自分で全部やってしまう人の周りでは、後輩や子供たち、後継者が育たなくなってしまうのです。

能力の高さと努力が、周囲の芽を潰してしまうのです。

後継者を育成するという点においては、自分1人でなんでもやるというのは、無駄な努力、間違った努力です。

◉━才能よりも経験値

才能をどうとらえるかによりますが、年齢を重ねることで伸びていく能力もあるし、衰えていく能力もあります。

たとえば基本的な身体能力は、20代以降はどうしても衰えていきます。徹夜ができなくなったり、疲れやすくなったりすることから実感する人も多いでしょう。

老眼などで目も悪くなるし、骨も弱くなる。白髪が増える、髪そのものも細くなり、抜けやすくなる。女性だったら妊娠もしにくくなり、排卵機能がなくなっていきます。

男性も精子の質が低下していきます。

しかし、**知識の深度や経験値からくる判断能力、意思決定力のようなものは伸びてい**

きます。これは鍛えることもでき、鍛えつづけている人とそうでない人とではかなりの差が出てしまうところなのです。

年代別に得意なこと、不得意なことというのがどうしてもありますから、年をとってできなくなったことに関してはやっぱり若い人にやらせたほうが理に適っていますし、逆に若い人が苦手なところは、年長者がその範を示し、若い人に教えていくことが良い戦略なのです。

◉努力をしない努力

私は真の努力とは、「努力をしない努力」のことだと思っています。

努力信仰の人は、むやみに努力をしつづける快感に溺れ、「努力をしない努力」をしていない人がほとんどではないでしょうか。

ここで大切になるのは、自分よりも能力のある人、できる人をとにかく見つけること、そしてその能力を認める力を持つことです。

中国の古典に『水滸伝』という物語がありますね。これは通俗小説として読まれたものですが、示唆的な内容が含まれています。

主人公である宋江《そうこう》の周りには豪傑《ごうけつ》がたくさん集まり、梁山泊《りょうざんぱく》という沼地に拠点をつくります。豪傑たちはそれぞれに、一芸ともいうべき特技があるのですが、宋江には突出した何かがあるわけではありません。

「何でこの男がリーダーなのだろう？」と思って読み進める方も少なくないようですが、彼にはじつは1つだけ才能があるのです。

それは、**人の能力を見抜くという才能です。**

『水滸伝』という物語の大きな主題の1つは、そこにあるといっていいでしょう。

社長になる人や、リーダーになるというとき、自分だけでなんでもできるという人は、小さい組織の長、あるいは期間限定の組織の長に向いた人です。小さい組織であれば1人のカリスマがいればまとまりますし、永続的でない組織なら後継者を育てる必要もありません。

ですが、組織が大きくなってきたり、長く続く組織にしていきたいという場合には、組織の長個人だけが突出した能力を持つよりも、周りの人を動かすことを心がけるほうがずっと効果的です。

◉──才能がある人を使うコツは？

では、才能がある人を使うにはどうすればいいか？

なによりも、褒めることです。そして、人の褒め方にはコツがあります。

ジョハリの窓という自己開示のモデルがありますが、「自分では気づいていないが、他人が気づいている」というところを探して褒めるといいのです。

相手が自分の心の窓を開こうとする、その窓枠にグリースでも塗ってあげるようなイメージで、相手が気づいていないところを褒めていきましょう。

また、当然のことですが、ウソくさい内容ではなく、リアリティがあることを褒めてください。少なくとも、可能性ぐらいは確実にあるようなことです。

人たらしと呼ばれるような人は、人を褒めてその心を開かせるのが本当に上手です。

たとえば人を褒めるとき、

A「そのネクタイ、素敵ですね」
B「いつも赤いネクタイをしてらっしゃるけど、今日は青ですね。どちらも素敵ですけど、決断力のある○○さんには、やっぱりはっきりした色がよく映えますね」

どちらの褒め方がいいか、比べるまでもありませんね。

Aは単純にモノを褒めているだけです。間接的に、持ち主を持ち上げていることにはなっていますが、そこで話が終わってしまいます。一方、Bの褒め方には、「いつもあなたのことを見ていますよ」というメッセージが込められているのです。

1つには、ネクタイのことも見ている、そして、決断力があるという性格もプラスに評価していますよ、ということをさりげなく伝えることに成功しているのです。

どうやって相手の心に分け入っていくか、これは知恵の使いどころで、工夫するのが楽しい場面ではないでしょうか。


人を動かすというときに、相手の長所を見抜く力は本当に大事です。人は自分のことを理解してくれたとか、自分の話を聞いてくれたとか、自分でも気づかないいいところを見抜いてもらい、使ってもらえた、ということをとてもうれしく感じる性質があります。

そして、関心を持ってもらえると、相手に好意を持つのです。

僕を見ていてくれた、見抜いてくれたからこの人のためになんかしよう、自分1人では小さな人生しか生きられないけれど、「この人について行ったら自分の才能を生かせるかもしれない」と思わせる力が、優れたリーダーには必要です。

だから、たとえ自分では動いていないように見えても、人を見抜く力を持った人は、とても優れたリーダーなのです。自分で無駄な努力をしてしまわないリーダーです。できることを、できる人に任せる。チームとしては最高のパフォーマンスを維持できるはずです。

人間社会は使う側と使われる側という二極しかないという単純なものではありません。

例に挙げた『水滸伝』の主人公・宋江は、豪傑たちを使っているようでいて、彼らに

使われているという構造にもなっているからです。お互いに使ったり使われたりして才能を補い合っているのです。

◉——努力しなくても楽しそうな人たち

そもそも、なんにも努力なんかしなくたって、幸せに生きている人はいます。

それはそれでいい、と私は思います。

MAO（モノアミン酸化酵素）という物質があります。ドーパミンとかセロトニンとか脳内で動いている神経伝達物質、モノアミンと呼ばれる物質なんですが、それを分解する酵素です。出すぎたものを掃除してくれるような存在です。

MAOという酵素の1つにMAO－Aがあります。

MAO－Aはセロトニンを分解してくれますが、MAO－Aの活性が高い人と低い人がいます。MAO－Aの活性が高いと、出たセロトニンをすぐ分解してしまいます。つまり、作用するセロトニンが少ない状態になってしまうのです。逆にMAO－Aの活性が低いタイプはセロトニンが多く残ることになります。

では、セロトニンが多い人と少ない人とはどう違ってくるのか？　これは、多い人のほうがいつも安心していて、やる気があって、幸せということになります。

つまり、努力しなくたって楽しそうに生きている人というのは、生まれつき決まっていて、MAO－Aの活性が低く、セロトニンが多い人かもしれませんね。あんまり先のことを心配せずに割と行きあたりばったりでやっている、それでも、それなりに幸せというタイプです。

一方、セロトニンが少ない人は、なんとなくいつも不安で、先のことを考えて努力していないと気が済まなくて、少しうまくいかないことがあると鬱屈してキレてしまうという傾向が高くなるでしょう。

おそらく、ほとんどの日本人は後者にあたるでしょう。ですので、あなたもその可能性が高いはずです。

ただ、**確かに幸せ感情は低いかもしれませんが、自分が地道に成し遂げたことを振り返って充実感を感じられるのは後者の人々かもしれません。その幸せ感情、幸せの度合いというのは、定量的にはなかなか比べにくいものです。**

◉─長生きしたけりゃ努力はするな

徳川家康《とくがわいえやす》が、戦国武将としては長命だったということはよく知られている事実でしょう。75歳で亡くなりました。

しかし、じつは家康よりも長生きした戦国武将が何人かいるのです。次の人たちです（カッコ内は亡くなった年齢）。今川氏真《いまがわうじざね》（77）、島津義久《しまづよしひさ》（79）、武田信虎《たけだのぶとら》（81）、宇喜多秀家《うきたひでいえ》（84）、松平忠輝《まつだいらただてる》（92）。

さて、彼らに共通する点は何でしょうか。

じつは、どの武将も、争いに敗れ、余生を細く長く送った人物なのです。

今川氏真は家康よりもあとまで生きていますし、武田信虎が亡くなったのも、自分を追放した息子・信玄《しんげん》よりあとです。彼が信玄に追い落とされなければ、武田は勝頼《かつより》の代に滅びずに済んだのでは……なんて考えてしまいますが。

今川氏真は織田信長《おだのぶなが》に殺された今川義元《いまがわよしもと》の息子です。武田信玄と徳川家康に挟撃され、今川氏は滅亡しました。その後は北条家に身を寄せたり京で蹴鞠《けまり》を教えたりしながら生きながらえたそうです。

島津義久は薩摩の島津家の当主でしたが、豊臣秀吉《とよとみひでよし》に敗れ、隠居して息子に家督を譲ります。出家して命を長らえ、亡くなったのは自分を破った秀吉よりもずっとあとの1611年でした。

武田信虎は信玄に追放されたあとは今川家や京都で暮らし、戦乱の表舞台には表れていません。

宇喜多秀家は関ヶ原の合戦で石田三成《いしだみつなり》に味方して敗れ、八丈島に流された人です。八丈島で50年以上、三代将軍・家光《いえみつ》よりもあとまで生き延びました。

松平忠輝は家康の六男です。父・家康に嫌われた人で、勝手な振る舞いや暴虐の沙汰がすぎるとして領地が没収され、伊勢、諏訪に流されて禁固生活を送りました。しかし、この人は家康の壮健さを最も受け継いだ人であったのか、四代将軍・家綱《いえつな》が死んだそのあとまで生き延び、92歳で亡くなります。

こういう例を俯瞰すると、**長寿の秘訣は、戦わないこと、無駄な努力をしないこと、**というのがよくわかりますね。

人生最後の時を過ごす患者たちの緩和ケアに携わった、あるオーストラリアの女性によれば、人間は死の間際になると自分の人生を振り返って後悔を口にするのだそうです。

そして、たいてい同じ内容であることに彼女は驚きを感じたといいます。

口にされた後悔の中でも最も多かったものの1つが、

「あんなに一生懸命働かなくてもよかった」

なのだそうです。

仕事ばかりせず、もっと家族と一緒に過ごせばよかった、というのです。

また、**「もっと自分の気持ちを表す勇気を持てばよかった」「自分をもっと幸せにしてあげればよかった」**というのもベスト5に入るそうです。

世間でうまくやっていくために自分の本当の気持ちを殺していた結果、可もなく不可もない存在で終わってしまった、という無念。

「幸福は自分で選ぶもの」と気づかず、旧習や常識に馴らされてきた生き方を「快適」と思ってしまったこと。

そんな後悔をどうすることもできないまま、亡くなっていくのです。

どうですか？

これでも、自分の気持ちに反した努力を続けようと思うでしょうか？

おわりに◉なぜ、ある助産師はマタニティマークをつけることに反対したのか？

まず、ここまで読んでくださった方に、心から御礼の気持ちを申し上げたいと思います。

本当にうれしいことに、思いがけずたくさんのお仕事をいただく中、執筆に充てる時間の調整が難しいという面もありましたが、なんとかこの本を書き上げることができました。

時間との戦いというよりなにより、私の書くものが読者のみなさんにとって本当に必要なものなのか、読者のみなさんの心にどれほど届くのか、そのことが気がかりで、途中で何度も悶々とし、書かないほうが良いのではないかと悩んだりもしました。

これまでに私が書いてきた本は、研究から導き出せる知見をわかりやすく噛み砕いて前向きなタッチで成形しなおしたもの、あるいは学術的な研究結果を読みやすく整理して淡々とお伝えするもの、です。後者は新書でしたから、あまり自分の意見を入れないほうが望ましいと考えてそのようにしたのでした。

どちらにも共通するのは「慎重に、無難に、過激な問題提起を避けながら執筆した」という点です。

しかし、今回、フォレスト出版から本をというお話をいただき、その既刊本のラインナップを拝見しますと、著者のみなさんは過激なまでに、じつに自由闊達《かったつ》に社会に対してモノ申しているのです。これは私も、フォレスト出版の名前で本を出すからには、少しチャレンジングに、社会に問題を投げかけるようなテーマにしたいなと思いました。

この本を執筆する中で、私が念頭に置いていたのは、日本における少子化問題のことです。

これは、人口そのものが減ってしまうという問題でもあるのですが、その根っこには、子どもや妊婦や子育て中のお母さん・お父さんを「邪魔な人」「迷惑な存在」「お荷物」として排除しようとする、社会の冷たさが深く横たわっているように感じられてなりませんでした。

もちろん、妊娠している女性や、子育て中の親や、未成年の子どもは、多くの仕事においても、そうでない大人たちほどのパフォーマンスを発揮できません。

当たり前のことです。逃げ足も遅いし、天敵がいれば捕食の対象になる。肉体的にも脆弱《ぜいじゃく》で、病気にもかかりやすい。

だから、ホモ・サピエンスは、集団をつくることで、そうした弱い個体を守ってきたのです。それが、次世代への貢献だったのです。子どもを産んで育てること、そして、その子と親たちをサポートすること。

長い間かけて進化してきたこのシステムが、どうして、現代日本では崩壊してしまったのでしょう？

女性がマタニティマークをつけていると攻撃の対象となるから危険だと言われ、つけないことをすすめる助産師さんさえいるといいます。

こんな種は、生物として狂っています。次世代を育む行動が妨害されれば、その集団はいずれ滅びる。私が書くまでもないことです。

この冷たい狂気の裏側に、努力さえすれば、必ずもっと良くなるに違いないという思い、努力に対する過剰な期待があるのです。

自分は、今は恵まれないが、もっと努力すればもっといい暮らしができる。もっと努力すればもっと良くなるはずだ。無駄を許さず、遊びを省き、努力に努力を重ねればいつか成功できるはずだ……。


そんなふうにして得る〝成功〟とはいったい何でしょうか？

子孫を犠牲にし、母たちを犠牲にし、自分のための豊かな日々を犠牲にして、そうしてたどり着く場所は虚構の城です。その虚構の城には、耳触りのいい言葉や華々しい成功譚に群がってくる人の努力を搾取している誰かが住んでいる……。

そのことに、気づいて欲しいと思います。


「あなたも成功者ではないか」とおっしゃる方もいるかもしれませんね。外から見ればそうかもしれません。

でも、意外に本人からはそう見えないのです。本人の目の前にあるのは、毎日出会う家族の顔、こなさなければならない仕事、昔からの友人、毎日の生活です。私よりはるかに裕福で経済的にも恵まれ、華々しい生活を送っているように見える人でも、成功という言葉から予想されるよりはずっと地味な内観を持っているはずです。

いつか成功できる、などというのはくだらない幻想です。

この本を読んでくださったみなさんが、努力信仰に惑わされず、目の前にある毎日を、豊かに味わって行かれることを心から祈念しつつ——。

中野 信子

中野信子⦿なかの・のぶこ
1975年生まれ。東京都出身。脳科学者、医学博士。横浜市立大学客員准教授、東日本国際大学客員教授。高IQ国際組織「MENSA」会員。
東京大学工学部卒業後、同大学院医学系研究科医科学専攻修士課程修了（2004年）、同大学院医学系研究科脳神経医学専攻博士課程修了（2008年）。その後、フランス国立研究所サクレー研究所で研究員として勤務（2008～2010年）。現在、脳や心理学をテーマに研究や執筆の活動を精力的に行っている。著書に『脳科学からみた「祈り」』（潮出版）、『科学がつきとめた「運のいい人」』（サンマーク出版）、『脳内麻薬』（幻冬舎新書）など。また、「ホンマでっか!?TV」（フジテレビ系）、「ワイド！スクランブル」（テレビ朝日系）、「有吉ゼミ」（日本テレビ系）をはじめ、多数のテレビ番組で活躍中。

努力不要論

2014年7月20日　初版発行
2022年12月12日　17刷発行

著　者　中野信子
発行者　太田　宏
発行所　フォレスト出版株式会社
〒162-0824　東京都新宿区揚場町2-18　白宝ビル7F
電話　03-5229-5750（営業）
03-5229-5757（編集）
URL　http://www.forestpub.co.jp
印刷・製本　日経印刷株式会社

ISBN978-4-89451-622-9　Printed in Japan

努力不要論

本書の読者限定！

＼無料プレゼント！／

あまりにも特殊で一般化が難しい事例なため（それゆえに非常に面白いのですが……)、やむを得ず掲載を見送ってしまった原稿があります。このままお蔵入りさせるにはあまりにももったいないので、本書をご購入いただいた読者のために、

「Extra File」
（PDF ファイル）

に形を変えてプレゼント！

無料 PDF ファイル「Extra File」はこちらへアクセスしてください。

今すぐアクセス↓　　半角入力

http://www.forestpub.co.jp/doryoku

アクセス方法　フォレスト出版　検索

ステップ①　Yahoo!、Google などの検索エンジンで「フォレスト出版」と検索
ステップ②　フォレスト出版のホームページを開き、URL の後ろに「doryoku」と半角で入力

※PDF ファイルはホームページからダウンロードしていただくものであり、小冊子やＣＤをお送りするものではありません。